HEINZ STEINBACH · . . . UND IMMER WIEDER JAGEN

HEINZ STEINBACH

...und immer wieder jagen

J. NEUMANN-NEUDAMM

BILDNACHWEIS

A. Fischer-Nagel, Spangenberg: Seiten 18 – beide und 35 unten; S. Meyers, Konstanz: Titelbild und Seiten 36, 53 – beide, 54, 72 – beide, 89 oben, 90, 107 und 125; alle übrigen Aufnahmen stammen vom Verfasser

CIP-Kurztitelaufnahme der Deutschen Bibliothek

Steinbach, Heinz:
. . . und immer wieder jagen / Heinz Steinbach –
Melsungen: Neumann-Neudamm, 1985

ISBN 3-7888-0496-3

Printed in W.-Germany

Reprotechnik: D + V, Kassel
Satz und Druck: Werbedruck KG H. Schreckhase, Spangenberg
Buchbinderische Verarbeitung: Verlagsbuchbinderei Willy Keller, Kleinlüder

ISBN 3-7888-0496-3

Inhalt

Vorwort

Die in diesem Buch geschilderten Erlebnisse spiegeln nicht unbedingt den Alltag eines bundesdeutschen Durchschnittsjägers der achtziger Jahre wider. Vielmehr werden Ereignisse wiedergegeben, die sich wegen ihrer Besonderheit aus einer Fülle von Begebenheiten in der Erinnerung tiefer eingeprägt haben.
Daß dabei die täglichen Aufgaben, Arbeiten und Sorgen des Jägers, das Bemühen um das Wohlergehen und den Schutz des Wildes und seines Lebensraumes zu kurz kommen, liegt darin begründet, daß zum Zeitpunkt, als diese Zeilen geschrieben wurden, das Bild des waidgerechten deutschen Jägers und Försters noch als ein fester Bestandteil positiver Naturbetrachtung in unserem Lande verankert war.
Dieses Bild wird von fanatischen Jagdgegnern jetzt mehr und mehr in Frage gestellt und reicht in letzter Konsequenz bis zu der Forderung eines totalen Jagdverbotes.
Es gehört zu den vielen Widersprüchen einer modernen Denkweise, daß die Angriffe auf Jagd und Jägerei im gleichen Maße und zum gleichen Zeitpunkt zunehmen, da unsere Jagdorganisationen verstärkt die Notwendigkeit der Jagd als einen Teil des Naturschutzes herausstellen und betreiben. Dieses Phänomen zeigt sich analog der Tatsache, daß vor allem Teile der mittelalten und jungen Generation umso unzufriedener und anspruchsvoller werden, je besser es ihnen geht.
Die Folgen dieser Denkweise, nämlich Angriffe auf alles und jeden, gehen einher mit unserer wiedergewonnenen Freiheit, unter der jedoch, meist mißverstanden, häufig nur Zügellosigkeit verstanden wird, und man verkennt, daß Freiheit auf Dauer nur möglich ist durch ein Höchstmaß an freiwilliger Eigenverantwortung. Dies gilt für den einzelnen ebenso wie für die Masse und in besonderem Maße für unsere meinungsbildenden Massenmedien, denen ihr Umsatz und ihre Einschaltquoten leider oft wertvoller erscheinen als ihre ethischen Aufgaben.
Dieser Trend, der natürlich auch einen Teil der Jägerschaft befallen hat, führt automatisch auch zu Auswüchsen im Verhalten einzelner Jäger, die dann von Presse, Funk und Fernsehen nicht als verdammenswerte Ausnahme, sondern einem sensationsgierigen Publikum als typisch für

das gesamte Jagdwesen vorgeführt werden. Es bleibt nur ein schwacher Trost, daß sich derartige Verfälschungen nicht nur auf Jagd und Jägerei beschränken.

Besonders unerträglich erscheint in diesem Zusammenhang nicht nur, daß die Mehrzahl bundesdeutscher Jäger mit wenigen schwarzen Schafen in einen Topf geworfen wird, sondern daß weltweit Sünden an der Tierwelt generell auf alle Jäger bezogen werden und so kanadische Robbenschläger, italienische Vogelfänger und schwarzafrikanische Nashornwilderer genauso als Jäger bezeichnet werden wie deutschsprachige, ungarische oder polnische Wildheger, die mit einem enormen Aufwand an Mühe, Arbeit, Zeit und Geld versuchen, ihr einheimisches Wild zu pflegen, seine Lebensräume und seine Lebensbedingungen zu erhalten und zu verbessern.

Die Vorkämpferrolle deutscher Jäger gegen Naturzerstörung und die seit fünfzig Jahren mustergültigen deutschen Jagdgesetze werden weltweit als Vorbild anerkannt. Nur im eigenen Lande regt sich besonderer Widerspruch, wobei es schon fast tragikomisch erscheint, daß dieser Widerstand vorwiegend von Gruppen ausgeht, die fast gleiche Ziele vorgeben und im Jäger und Forstmann den gefundenen Partner sehen müßten.

Nicht vergessen werden darf allerdings, daß es eine Frage des Demokratieverständnisses ist, wie gut oder auch ungenügend unsere Jagdgesetze in die Praxis umgesetzt werden.

Man kann heute, im Jahre 1985, wohl kaum über Jagd und Jäger schreiben, ohne die aktuellen Probleme, die hier freilich nur angerissen werden konnten, wenigstens erwähnt zu haben. Hoffentlich begreifen bald alle Jagdanhänger, daß die derzeitigen Versuche, Jagd und Jäger abzuschaffen und damit Tiere, Pflanzen und Lebensräume noch wehrloser zu machen, ernst zu nehmen sind und auch durch den dicksten Geldbeutel nicht verhindert werden können, wenn nicht nachweisbar ist, daß Jagen als Teil des Naturschutzes in diesen eingebettet ist.

Die Schilderungen dieses Buches wollen interessante Jagderlebnisse ebenso erzählen, wie sie zugleich Denken und Fühlen eines einzelnen Jägers aufzeigen, seine zahlreichen Beobachtungen und Überlegungen, die der erfolgten oder auch unterlassenen Erlegung vorausgehen. Im Mittelpunkt stehen die Tiere, ihre Eigenarten und Verhaltensweisen.

Auch die Jäger selbst, von ihrer natürlichen Einstellung her überwiegend Individualisten und so verschieden wie das von ihnen bejagte Wild, sind mit einbezogen worden.
Es ist eine der erfreulichsten Tatsachen, daß die Jäger aus allen Bevölkerungsschichten kommen und alle Berufsgruppen vertreten sind. Ihnen allen eigen ist die grüne Passion, der sie mehr oder weniger verfallen sind. Motive und Empfindungen sind verschieden. Für sie gemeinsam jedoch bedeutet Jagen die intensivste Form des Naturerlebens; und deshalb können und wollen sie das Waidwerk nicht untergehen lassen.

Groß-Bieberau, im Herbst 1985

Heinz Steinbach

Vom Naturfreund zum Jäger

Unsere Ahnen in grauer Vorzeit waren Sammler und Jäger. Bis zum heutigen Tage haben sich die Nachfahren nicht geändert. Lediglich die Objekte, die den Sammel- und Beutetrieb wecken, haben sich vielfach gewandelt. So gibt es jetzt neben den ursprünglichen Fleisch- und Trophäenjägern die Kammerjäger, Schürzenjäger, Mitgiftjäger, Profit- und Postenjäger, Fotojäger, Autogramm- und Souvenirjäger, um nur einige der zahlreichen Jagdarten unserer heutigen Gesellschaft aufzuzählen, wobei viele Mitglieder dieser Gesellschaft gleich mehreren dieser Leidenschaften frönen. Und gesammelt werden neben Jagdtrophäen mit gleicher Passion auch Bierdeckel, Streichholzschachteln, Vereinsabzeichen und Medaillen so gut wie Briefmarken und Münzen, Teppiche und Kunstwerke, Steine und Tiere, alte Autos oder alte Waffen.

Weshalb bei mir von Geburt an Tiere und Pflanzen im Mittelpunkt des Interesses standen, vermag ich nicht zu sagen. Tatsache ist, daß Beobachten und Belauschen der Tierwelt und der Wissensdurst nach Artenkenntnis der Pflanzen mich von klein auf mehr beschäftigten als technisches Spielzeug oder andere, je nach Jahreszeit wechselnde Modeerscheinungen kindlichen Spieldrangs.

Daß bei zunehmendem Alter und gleichbleibender Interessensneigung dem Heranwachsenden das Beobachten allein bald nicht mehr genügte, ist nur natürlich. Der Wunsch nach handelndem Eingreifen wuchs, und so entstand das eigene Stück Gartenland mit Blumen, Büschen und Bäumchen genau so selbstverständlich wie der kleine Gartenteich mit eingesetzten Fischen und Amphibien. Dies geschah zu einer Zeit, die den heute teilweise leider zum Modetrend gewordenen „Aktivitäten“ zahlreicher Pseudobiologen um rund fünfzig Jahre vorauseilte.

Und ebenso natürlich entstand auch der Sammel- und Beutetrieb, der sich zunächst noch auf Vogelfedern, Gewölle, Schneckenhäuser und Muscheln, Käfer und Schmetterlinge erstreckte. Der daraus hervorgehende Jagdtrieb war nur die logische Fortsetzung dieser Entwicklung. Die Erfüllung des Weihnachtswunsches, ein billiges Luftgewehr, wurde deshalb dem Zwölfjährigen das schönste Geschenk überhaupt,

trotz des strikten Verbotes, damit auf irgendwelche lebende Kreaturen zu schießen.
Doch die Notwendigkeit zur Beschaffung toter Mäuse und Sperlinge erwuchs aus der Verpflichtung, einen mit gebrochener Schwinge gefundenen Jungbussard am Leben zu erhalten und gesund zu pflegen. Und so erlangte ich schließlich die elterliche Erlaubnis, mit dem geliehenen Flobertgewehrchen und der kleinen Rundkugel die Spatzen der Umgebung zu zehnten, nicht ohne ständige Ermahnungen zur Vorsicht, und ich tat es mit viel Glück, wie ich meine, wenn ich heute darüber nachdenke. Höhepunkt damaliger Jagdversuche war die Erlegung eines Sperberweibchens. Was heute ein Verbrechen wäre, fand damals ungeteilte Anerkennung von allen Seiten; denn zu jener Zeit galt es noch als Verdienst, einen so häufigen und verfemten „Schädling" aus dem Wege zu räumen, zumal ich in diesem besonderen Falle zwar das eine in Nachbars Obstgarten gegriffene Küken nicht mehr retten konnte, jedoch Nachbars Junghühnerschar vor weiteren Übergriffen bewahrt hatte. Der präparierte Vogel zierte jahrelang als erste „echte" Trophäe mein Zimmer.
Anknüpfungspunkte und Beziehungen zu „richtigen" Jägern fand ich als Jugendlicher keine. Einheimische bäuerliche Jäger, in vielen anderen Gegenden des Deutschen Reiches häufig, gab es in der Umgebung meines Heimatortes nur wenige, und was unser Frankfurter Revierpächter von seiner am Waldrand gelegenen Hütte aus trieb oder unterließ, das blieb den Ortsbewohnern weitgehend verborgen.
So stürzte ich mich wild auf jeden Lesestoff, der sich mit Natur und Jagd befaßte. Beide gehören zusammen, denn fast alle Vorläufer heutiger Bemühungen um Naturerforschung und -erhaltung kamen ja von Seiten der Jäger. Hermann Löns stand in meinem umfangreichen Bücherregal noch vor Winnetou und Old Shatterhand.
„Wirklicher" Jäger mit Jägerprüfung und Jagdschein wurde ich erst nach dem Kriege durch die Ermunterung meines Freundes, gleichzeitig Lehrprinz, Hegeringleiter und Tierarzt meines Wohnortes. Damit wurden auch die während und nach dem letzten Kriegsjahr mehr oder weniger gewilderten Hasen und Rehe nachträglich noch legalisiert. Wer die damalige Zeit nicht erlebt hat, wird sie heute kaum verstehen können.
Mein Interesse an der Natur und meine Hinwendung zur gesamten

Tierwelt als Jugendlicher waren natürlich im Dorf bekannt. So konnte es nicht ausbleiben, daß, sehr zum Leidwesen meiner Mutter, bald alle Lebewesen, die draußen in Feld, Wald und Flur als verletzt, verunglückt oder hilflos aufgefunden wurden, mir zur Artbestimmung, zur Aufzucht oder zur Heilung übergeben wurden. In der Mehrzahl waren es Vertreter der Vogelwelt, die in häufig wechselnder Folge Haus und Schuppen bevölkerten. Zugleich unterstützte ich meinen Vater und half ihm, Vögel für die Vogelwarte Rossitten zu beringen. Darüber hinaus streifte ich viel in Feld und Wald umher und brachte auch manches mit, was ich besser an Ort und Stelle gelassen hätte.
Zu den vielen Beobachtungen der damaligen Zeit kam bald der Versuch, Tiere zu fotografieren, was mit der billigen Agfa-Box für vier Reichsmark ein fast hoffungsloser Versuch war; und trotzdem betrachte ich heute noch gerne die gelungene Aufnahme vom Kirchturm in das Storchennest mit den Altstörchen. Der Kirchendiener durfte nicht wissen, daß ich mit seinem Sohn in das Gebälk des Kirchturms kletterte. Die Störche durften nicht merken, daß wir aus dem Turmdach ein paar Ziegel herausnahmen, und dann gehörte immer noch eine Portion Glück dazu, daß die Aufnahme gelang. Störche waren damals im Odenwald noch häufig.
Nur Aufnahmen von Wild mißlangen meist, da sie in der Regel unterbelichtet waren, weil in der Dämmerung fotografiert, oder das Objekt erschien nur winzig klein auf dem Bild.
Auch während des Krieges wurden meine Tierbeobachtungen kaum unterbrochen. Im Gegenteil: Mit Pferden hatte ich jetzt mehr zu tun, als mir manchmal lieb war. Einem Pferdeliebhaber konnte schon das Herz schwer werden bei dem Leid ungezählter verwundeter, kranker und sterbender Pferde, die dem Unsinn des Krieges geopfert wurden. Andererseits erlebte ich als Soldat zwischen Atlantik und Wolga viel Neues in der Natur. Das mußte nicht unbedingt größeres Wild sein, wie etwa das Rotwild und die Gams in der Hohen Tatra; Seesterne, Krabben, Fische und Wasservögel an der Atlantik- und Kanalküste gehörten genauso dazu wie das Niederwild in Böhmen mit seinen heute unvorstellbaren Mengen an Hasen, Birkwild, Fasanen und Hühnern oder die zahllosen Greifvögel in den endlosen Busch- und Baumreihen der Steppengebiete Südrußlands sowie Wiedehopf, Blauracke und Bienenfresser. In den kleinen Eichwäldchen der Donsteppe sah ich Nacht-

schwalben und viele Hirschkäfer, an den Kalkfelsen sonnten sich Smaragdeidechsen, und in der Steppe fand ich Ziesel und Wüstenspringmaus. Die Saatkrähenkolonien in Polen, das starke Rehwild der Beskiden, Nachtigallengesang und Froschkonzert an russischen Dorfteichen, überall gab es Unbekanntes und Interessantes zu entdecken.

Oft war mir die Tierwelt ein Trost im Wahnsinn des Krieges. Ich vergesse nie, wie an einem strahlenden Frühlingstag – es war der 17. Mai 1942 –, nachdem das wütende russische Abwehrfeuer aufgehört hatte, eine kleine Blaumeise am kurz vorher über meinem Kopf zusammengeschossenen Stolleneingang der Beobachtungsstelle herumturnte, während sich draußen zahllose Lerchen in den blauen Himmel erhoben, die unter sich grausame Verwüstung und bitteren Tod in jeder Form zurückließen. Die Vogelwelt war mir Symbol dafür, daß aus dieser Zerstörung wieder neues Leben hervorgehen werde.

Nach dem Kriege und der Gefangenschaft hatte ich als ersten Hausgenossen aus dem Tierreich eine junge Dohle. Von Konrad Lorenz und seinen Verhaltensforschungen mit Dohlen war mir damals noch nichts bekannt.

An einem frühen Sonntagmorgen saß ich am Rande des Hochwaldes vor einer ausgedehnten Fichtendickung und sah dem Balzspiel zweier Gabelweihen zu. Zum einzigen Male erlebte ich, wie sich die beiden Rotmilane immer höher schraubten, um dann, wenn sie im leuchtenden Blau des Himmels nur noch klein erschienen, sich plötzlich mit den Fängen zu packen und als große Federkugel mit vier Schwingen langsam zur Erde zu trudeln. Über den Jungfichten lösten sie sich, und das gleiche Spiel begann von neuem.

Immer, wenn sie dabei den hohen Buchen am Rande des Hochwaldes zu nahe kamen, löste sich aus den Baumkronen ein Schwarm Dohlen und haßte mit lautem Geschrei auf die ihnen gegenüber schwerfällig wirkenden Segler.

Beim genauen Zusehen entdeckte ich dann in den schlankschäftigen Buchenstämmen die Höhlen, die Niststätten der Dohlen. In ziemlicher Höhe eines alten Buchenstammes waren zwei Löcher dicht untereinander. Beim Näherkommen glaubte ich, aus dem oberen, faustgroßen Loch eine Taube abstreichen zu sehen. Da aber kurz danach zwei Dohlen im unteren Eingang verschwanden, dachte ich an eine Täuschung. Trotzdem war ich eine Woche später wieder zur Stelle, und die

Steigeisen hatte ich auch dabei. Und siehe da, ich hatte doch recht gesehen! Während oben die Hohltauben ihre beiden Eier bebrüteten, fütterten einen halben Meter tiefer die Dohlen ihre Jungen. Anscheinend gab's auch hier den Burgfrieden, wie er ja von den Kaninchen im Fuchsbau, den Bachstelzen im Adlerhorst und den Jungspatzen im Storchennest bekannt ist.

Da ich nun schon mal oben war, nahm ich einen der kleinen Schreihälse mit, zum damaligen Zeitpunkt noch kein Verstoß gegen das Naturschutzgesetz. Zu Hause angekommen, bekam er einen Platz im Schuppen, und es war noch nicht Mittag, als er schon eifrig den großen, roten, mit gelben Schnabelwülsten eingefaßten Rachen aufriß, um das vorgehaltene Futter hinunterzuschlingen. Was ihm nicht zusagte, flog mit einem energischen Kopfschnicken in die Gegend. Da ich aber nicht den ganzen Tag Zeit hatte, eine kleine Dohle jedoch den ganzen Tag Hunger hat, übernahm meine Mutter einen Teil der Pflege, und die Dohle gedieh dabei prächtig.

Als ich sie aus dem Nest geholt hatte, waren die Federkiele noch nicht zentimetergroß; nach acht Tagen war die Jungdohle fast schon befiedert und begann bereits ihre Entdeckungsreisen im Schuppen. Es dauerte dann nicht mehr lange, da lernte sie fliegen und eroberte sich auch den Raum außerhalb ihrer Behausung. Immer weiter dehnte sie ihre Streifzüge aus, kam aber immer wieder zurück. Auf allen Wegen begleitete sie meine Mutter oder mich. Meist saß sie auf der Schulter oder flog neben dem Fahrrad her, wobei sie dann Schwierigkeiten bekam, wenn sie sich auf dem glatten Lenker festhalten wollte. Auch meine Gänge in den Wald machte sie mit. Dabei konnte es natürlich nicht ausbleiben, daß sie mit wilden Dohlen in Berührung kam. Gespannt beobachtete ich, wie sie mit freudigem „kijak“ sich von meiner Schulter schwang, dem großen Dohlenschwarm zuflog und mit ihm vereint hinter dem Berg verschwand. Ein bißchen leid tat es mir schon. Doch Angst um ihr weiteres Wohlergehen hatte ich nicht. Sie konnte sich auch alleine ernähren.

Welche freudige Überraschung erlebte ich jedoch, als ich eine Stunde später nach Hause kam und der Familie die Verlustmeldung bekannt geben wollte. Vom Dache ertönte ein lautes „kijak, kijak“, und schon saß die Dohle auf meiner Schulter und knabberte an meinem damals noch vollen Haarschopf.

Ihre jetzt häufigeren, weiteren und längeren Ausflüge endeten alle mit ihrer Rückkehr, und abends saß sie auf ihrem Platz im Schuppen. Lästig konnte sie allmählich mit ihrer Begleitung werden. Vor allem dann, wenn sie mir unbedingt in meinen Dienst folgen wollte. Also hatte ich eine Woche lang die schwierige Aufgabe, vor dem ersten Haus des Städtchens vom Rad zu steigen, um meinen gefiederten Freund mit Scheuchen, Verjagen, Schimpfen und Steinwürfen, denen er geschickt auswich, zu überzeugen, daß er jetzt nicht mehr als Begleiter gefragt sei, und das sah der Vogel nach einiger Zeit sogar ein.

Als Schwarmvogel vermißte die Dohle jedoch anscheinend die Gesellschaft an ihrem einsamen Schlafplatz, und da meine Tauben nichts von einer Dohle wissen wollten, marschierte sie eines Tages zu unser aller Überraschung in die Hundehütte.

Nun besaß ich damals eine nicht ganz reinrassige Terrierhündin, die gegen meinen Willen intime Beziehungen mit einem glatthaarigen Fox unterhalten hatte, und die Früchte dieser verbotenen Liebe, zwei kugelrunde, schwarzweiße Hundekinder, waren gerade fünf Wochen alt. Es dauerte noch keine drei Tage, da war die Dohle Chef im Ring, beziehungsweise in der Hütte. Sie trat mit einer derartigen Selbstverständlichkeit auf, daß kein anderes Wesen überhaupt auf den Gedanken kam, sich dagegen zur Wehr zu setzen, und ihre Autorität wurde weder von Tauben, Hühnern und Enten, noch von den Hunden angezweifelt. Es kam so weit, daß der vordem so wachsame „Flocki" es nicht mehr wagte, zum Bellen den Fang aufzumachen. „Jakob" – so war die Dohle nach alter Tradition und Sitte getauft worden – saß nämlich sofort neben der Hündin und hatte einen Heidenspaß damit, kräftig nach den weiß aufblitzenden Zähnen des Hundes zu picken. Dann zog Flocki den Schwanz ein und schwieg beschämt, traurig der Zeit gedenkend, als er noch etwas zu sagen, das heißt, zu bellen hatte. Sonst aber vertrugen sich alle vier recht gut. Jakob, von dem ich allerdings vermutete, daß er eine „Sie" sei, was nicht zu beweisen war, schlief jetzt regelmäßig in der Hundehütte. Kam ich mal spät in der Nacht nach Hause, was in dieser Zeit nicht selten vorkam, dann begrüßte mich zuerst die Hündin, dann kamen die zwei Welpen, und hinterher erschien würdevoll Jakob, stieß ein leises, zärtliches „kja" aus und suchte dann das Schlafgemach mit der gleichen Würde, die nur ihm zustand, wieder auf.

Rotkehlchen ▶

Eines Tages lag eine Rolle Dachpappe im Hof, ein wichtiger Bestandteil damaliger Bautätigkeit. Mein Vater hatte seine Dienstwohnung wegen der Amerikaner räumen müssen. Fazit: Früher Barock, jetzt Barack! Und so eine Rolle Dachpappe war kurz nach dem Kriege schon eine kleine Kostbarkeit. Zur weiteren Verarbeitung lag diese Rolle nur lokker aufgerollt, so daß die Röhre weit genug war, den jungen Hunden zum Beweisen ihrer Eignung als zukünftige Bauhunde zu dienen. Am einen Ende konnten sie einschliefen, am anderen Ende wieder ausfahren. Das machte Spaß, und man konnte sich gegenseitig noch hindurch jagen. Jakob saß auf der Rolle, sah den Hunden interessiert nach, wenn sie auf der einen Seite verschwanden, und lief dann schnell zur anderen Öffnung, um sie dort wieder auftauchen zu sehen. So ging das Spiel eine ganze Weile. Dann gab es eine neue Variante. Als wieder einer der beiden Kleinen im Eingang verschwand und nur noch das wedelnde Ringelschwänzchen heraussah, da packte Jakob urplötzlich mit dem Schnabel zu und ließ erst wieder los, als das aufjaulende Hundebaby ihn durch den ganzen Tunnel hindurchgezogen hatte. Von da ab gelang es keinem der Hundchen mehr, das unterhaltsame Spiel ohne das lästige Anhängsel Jakob durchzuführen.
Wochen und Monate hindurch war alles in schönster Ordnung. Doch mit der Zeit genügte die Hundehütte den wachsenden Ansprüchen Jakobs nicht mehr. Eines Abends saß er im Hühnerstall auf dem Platz des sonst so intoleranten Silberbrackelhahnes, der sogar manchmal die Enten vergewaltigte und gegen nackte Menschenbeine aggressiv reagierte. Jakob thronte jetzt auf der obersten Stange, und der Hahn mußte in der Rangfolge eins tiefer auf der nächsten Stange schlafen. Mir wäre das recht gewesen, hätte nicht Jakob bei seinen häufigen Aufenthalten im Hühnerstall eines Tages entdeckt, daß Hühnereier eine bekömmliche Zusatznahrung sind. Da wir aber dieselbe Ansicht vertraten und in der armen Vorwährungszeit auf Kalorien nicht verzichten konnten, war natürlich ein weiterer Liebhaber für Eierspeisen zuviel, und Jakob wurde aus dem Hühnerhaus verbannt. Weil er auch nach Aussperrungszwang nicht entsagen wollte, blieb nichts anderes übrig, als sich von ihm zu trennen. Ich wollte ihn nicht in einem Käfig sehen und gab dem Drängen eines Bekannten nach, der ihn in eine große Flugvoliere setzte. Dort ist er angeblich in einem nur halbgefüllten Wasserfaß ertrunken. Sein Schicksal ist symptomatisch für das Los vieler Tiere, die in Ge-

◀ *Oben: Landkärtchen; Unten: Tagpfauenauge*

fangenschaft aufgezogen werden. Am besten ist und bleibt die natürliche Umwelt und ihre Prägung.
Ein seltsames Erlebnis hatte ich später mit einer jungen Waldohreule. Es war in den letzten Maitagen, als zwei Kinder mit einer Kiste zu mir kamen, in der, wie sie sagten, eine Schleiereule eingesperrt sei. Als ich den Kasten öffnete, sah ich in der hintersten Ecke eine dick aufgeplusterte Federkugel, die mich mit großen Augen feindlich anstarrte und dabei furchterregend mit dem krummen Schnabel knappte. Die wunderschönen orangefarbenen Augen und zwei noch kaum sichtbare kleine Federbüschel auf dem Kopf sagten mir, daß ich es mit einer jungen Waldohreule zu tun hatte.
Die Kinder erzählten, daß ein junger Mann die kleine Eule tags vorher am Waldrand gefunden und mit nach Hause genommen hatte. Große Freude hatte er allerdings nicht an dem Findling, und da der Vogel weder Wurst und Brot, noch Würmer und Fliegen zu sich nehmen wollte, dazu noch nachts in seinem Gefängnis einen Heidenspektakel vollführte, brachte man das Tierchen eben zu mir. Ganz einfach!
Was sollte jetzt aus der kleinen Eule werden? Wenn ich sie an den Fundort zurückbrachte, würden die Alten sicher auch auf der Erde weiterfüttern. Aber konnte am Waldrand eine Jungeule auf Dauer vor den Krähen unentdeckt bleiben?
Also kam sie aus ihrem Gefängnis heraus und durfte sich fortan auf dem Dachboden neben dem Taubenschlag frei bewegen. Sofort kroch sie in den dunkelsten Winkel und lehnte zunächst jede Annäherung ab, indem sie in Schreckstellung ging, sobald ich ihr zu nahe kam. Sämtliche Mausefallen wurden aufgestellt, alle Bekannten angewiesen das gleiche zu tun. Es dauerte auch gar nicht lange, da war die erste Maus gefangen. Ich zerlegte sie in vier Teile und brachte die Stücke in nächster Entfernung vor der Eule auf den Boden. Junge Turmfalken dieser Größe hatten dann meist von alleine gewußt, was sie damit anfangen sollten. Dann entfernte ich mich schnell, denn die Eule war noch zu scheu, um in meiner Gegenwart Nahrung aufzunehmen. Aus einem Versteck beobachtete ich, was weiter geschehen würde. Doch es ereignete sich überhaupt nichts. Unbeweglich hockte mein Pflegling in der Ecke und schien die guten Bissen gar nicht zu bemerken. Also mußten wir es anders versuchen. Ein Stückchen Maus wurde mit einem Holzstäbchen aufgespießt und vor den Schnabel gehalten. Genau wie sie

mir noch kurz vorher in den Finger gebissen hatte, so schnappte sie nun auch gegen den vermeintlichen Feind zu und hielt fest. Das hatte ich erreichen wollen. Schnell zog ich mich wieder in mein Versteck zurück. Auch jetzt dauerte es noch einige Minuten, aber dann schien sie zu merken, daß sie etwas Eßbares im Schnabel hielt. Ein kurzes Schnikken des dicken Kopfes, ein kurzes Würgen, und weg war der Bissen. Ebenso machte ich es mit den anderen Stücken, und jedesmal ging es ein wenig schneller. Meine erste Sorge war behoben.

Wo aber sollten jeden Tag die Mäuse herkommen? Schon am übernächsten Tag versuchte ich es mit kleinen Stücken Rindfleisch, und das wurde auf die gleiche Art genommen. War sie satt, dann behielt sie den letzten Bissen in den Fängen, bis im Kropf wieder genug Platz vorhanden war. Bald hatte sie mich als Futterquelle akzeptiert, und gierig nahm sie die vorgelegten Brocken.

Nach ein paar Tagen reichte ich ihr eine ganze Maus. Nachdem sie die Maus in ihren Fängen eine ganze Weile betrachtet hatte, beugte sie plötzlich den Schnabel herunter, faßte die Maus am Kopf und begann, den ganzen Körper hinabzuwürgen. Dies ging nicht ohne viel Verrenkungen und Kopfverdrehen, aber schließlich hatte sie es doch so weit geschafft, daß nur noch der Schwanz der Maus heraushing, und der war noch eine ganze Weile zu sehen.

Bei dieser Ernährung gedieh das Eulenkind gut, und bald kam es mir entgegen, wenn ich Futter brachte. Im Gegensatz dazu blieb eine zwei Jahre später aufgezogene Waldohreule immer abweisend und aggressiv, obwohl sie in einem früheren Wachstumsstadium gefunden wurde. Jedenfalls beschloß ich nach mehr als zwei Wochen, die kleine Eule wieder auszusetzen.

Die Stelle, an der sie gefunden worden war, hatte ich mir genau beschreiben lassen. Ich setzte den jetzt flugfähigen Vogel in ein Weidenkörbchen und fuhr in den Wald. Dabei hoffte ich, daß Eltern und Geschwister meiner Eule noch in der Nähe seien und sie bei Nacht aufnehmen würden.

Es war schon gegen Abend, aber noch stand die Sonne voll am Himmel. Als ich das Korbchen geöffnet hatte, setzte ich mich auf einen großen Findling und wartete gespannt, was nun geschehen würde. Alles war still um uns. Die späten Sonnenstrahlen fielen durch das goldgrüne Laub und malten helle Kringel auf den Waldboden. Dann kratzte es im

Körbchen, und vorsichtig kletterte die Eule auf den Rand des Korbes und blinzelte geblendet in die schräg einfallende Sonne. Noch war aber keine Minute vergangen, da geschah das, was mir heute noch unerklärlich scheint. Ein langgezogener, dumpf summender Lockton war plötzlich zu hören. Ohne genau darauf zu achten, glaubte ich zuerst, in der Ferne das Heulen eines Hohltaubers zu vernehmen. Ein Blick auf das Eulenjunge aber ließ mich aufmerksam werden. Hochaufgerichtet wie ein Pfahl saß es da. Der summende Ton wurde lauter und dringlicher, und plötzlich löste sich aus einer weiter entfernten Fichte ein großer Vogel und schwebte lautlos zwischen den Stämmen hindurch auf mich zu. Ungefähr zwanzig Meter vor mir fußte er auf dem untersten dürren Ast einer anderen Fichte. Es war kein Zweifel möglich. Vor mir saß eine alte Waldohreule und sah zu mir her, als habe sie auf mich gewartet. Fast glaubte ich zu träumen, als die alte Eule nun erneut leise und zärtlich zu locken begann. Für die kleine Eule schien dies das Zeichen zum Aufbruch zu sein. Unvermittelt flatterte sie los, flog über ein vor mir liegendes Erdloch hinweg und fiel dann unbeholfen zwischen ein paar Buchenbüsche in das Altlaub.

Aufmerksam hatte die Alte den Flugversuch beobachtet. Aber sie kam nicht, wie ich eigentlich erwartete, auf den Boden herunter, sondern sie flog etwas tiefer auf den Nachbarbaum und begann erneut zu locken. Es dauerte ein paar Minuten, bis die junge Eule den nächsten Flugversuch wagte und auf einem der untersten Äste einer jungen Buche landete. Dort aber begann bereits das Geäst, und bedächtig schwang sie sich von Ast zu Ast langsam immer höher hinauf. Die Alte schaute unbeweglich zu. Als die Kleine dann fast in ihrer Höhe war, flog der Altvogel plötzlich ab, und die junge Eule folgte nun schon recht gewandt zwischen den Stämmen hindurch, bis beide in einer dichten Fichtengruppe verschwanden. Ich erwachte aus meiner Verzauberung und erholte mich langsam von meinem Staunen. Über diesen Ausgang empfand ich natürlich große Genugtuung.

Bald darauf brachten mir zwei Jungen, die Wasserflöhe für das Aquarium fangen sollten, einen etwa zehn Tage alten Junghasen. Ich sagte ihnen, sie sollten ihn sofort zurückbringen. Doch sie erzählten, daß ein Schwarm Krähen den kleinen Mümmelmann entdeckt hatte, er sei schon leicht verletzt, und außerdem hätte schon ein Bussard über der Schwarzdornhecke gewartet. Das entschied. Also blieb er bei mir.

Natürlich reizte mich der Aufzuchtversuch, da bekannt war, daß derartige Versuche meist mit dem Tod des kleinen Lampe endeten.
Ein kleines Fläschchen mit Gummisauger wurde besorgt, und jetzt mußte das Häschen nur noch lernen, wie man daraus trinkt. Das war eigentlich keine große Schwierigkeit. Als es den ersten Tropfen, mit dem das Schnäuzchen betupft worden war, abgeleckt hatte, war der Anfang gemacht. Bald wurde der Tropfen Milch vom Finger abgeleckt, dann von der Spitze des Saugers, und als dann der ganze Sauger zwischen Ober- und Unterkiefer geschoben wurde, da ging alles weitere von ganz alleine.
Was für Milch aber sollte der kleine Hansi bekommen? Für den Namen „Hansi" hatte sich die Familie entschieden. Ich versuchte es zuerst mit leicht verdünnter Ziegenmilch. Später mischte ich die Ziegenmilch mit Kuhmilch. Das muß wohl richtig geswesen sein, denn Hansi war gesund vom ersten bis zum letzten Tag. Als Aufenthaltsort bekam er eine Kiste mit Heu, aus der er aber stets herauskletterte. Da die Kiste vorläufig im Bad stand, suchte er sich selbst ein Versteck unter einem kleinen Schrank, unter dem ich ihn zu jeder Mahlzeit hervorholen mußte. Doch nach einigen Tagen konnte ich ihn schon mit der Flasche aus seinem Versteck hervorlocken. Löwenzahn und Klee ergänzten bald seinen Speisezettel, und Hansi gedieh dabei vortrefflich. Interessant war, wie mein Teckel sich auf den neuen Hausgenossen eingestellt hatte.
Tiro, ein recht giftiger, roter Langhaar mit einem feinen Näschen, war alles andere als hasenrein. Mehfach war es ihm gelungen, im Garten Kaninchen zu reißen, wenn sie in den Draht gesprungen waren.
Bei der Treibjagd krank geschossene Hasen hatte er schon öfter mit Erfolg nachgesucht und, sofern sie noch lebten, nicht mehr losgelassen. Wie würde sich dieser Giftzwerg jetzt gegen unseren Hansi verhalten? Trotz der ängstlichen Gesichter der Familie setzte ich Hansi einfach vor Tiro auf den Boden, nahm diesen an der Halsung und hielt ihm eine kleine Vorlesung über gutes Benehmen, in Sonderheit gegenüber dem neuen Hausgenossen. Es mag sein, daß Hansi bereits durch den Umgang mit uns eine andere Witterung an sich hatte, möglich auch, daß meine mahnenden Worte ihren Eindruck nicht verfehlten. Am wahrscheinlichsten aber ist, daß Hansi selbst durch seinen völligen Mangel an Respekt oder Angst vor Tiro, diesem alle Mordgelüste genommen hatte. Jedenfalls schlossen die beiden bald Freundschaft, und wenn

Hansi in der Wohnung herumhoppeln durfte, dann verfolgte er Tiro auf Schritt und Tritt. Stubenrein war Hansi von alleine, das heißt allerdings nur insoweit, als er für einen „Stoffwechsel“ eine ganz bestimmte Ecke im Bad benutzte. Angst um Hansi bekam ich, wie er eines Tages bei der Begleitung Tiros in die Küche geriet und mit dem Hund dessen ureigensten Platz unter dem Elektroherd aufsuchte. Dort ließ Tiro normalerweise niemand in die Nähe, und selbst die Kinder wurden angeknurrt, wenn sie ihm am Lieblingsplatz zu nahe kamen. Doch siehe da! Hansi durfte sich das ungestört herausnehmen, und beide ruhten dort gemeinsam von ihren Spielen aus.

Als Hansi jedoch weiter wuchs, mehr Nahrung zu sich nahm und demzufolge auch mehr von sich gab, da mußte er die Wohnung verlassen und siedelte in den leerstehenden Hühnerpferch über, der zum Teil innerhalb meiner großen Vogelschutzhecke lag. Erstaunlich war, in welch kurzer Zeit sich da sein Benehmen grundlegend änderte. Die meiste Zeit war es still um ihn. Kam aber jetzt jemand, um ihn zu besuchen, so drückte er sich flach auf die Erde, genau wie seine Brüder und Schwestern draußen in der Ackerfurche. Ein lautes Geräusch konnte ihn so erschrecken, daß er kopflos in den Draht sprang. Doch hatte er bald heraus, daß dies schmerzhaft war und unterließ es dann. Alles Locken brachte ihn nicht mehr dazu, herbeizukommen und sich streicheln zu lassen. Lediglich bei mir machte er eine Ausnahme, was aber weniger auf persönlicher Sympathie begründet war, als auf seiner Vorliebe für das Milchfläschchen, das er auch noch schätzte, als er schon fast wie ein ausgewachsener Hase aussah.

Jetzt wollte ich ihn freilassen, denn die Zeit dazu schien mir gekommen. So ließ ich einfach die Tür aufstehen, und am nächsten Tag war Hansi verschwunden. Drei Tage später gab es ein Wiedersehen, als er mir gegen Abend in der Nähe der Hecke aus einem Rübenacker entgegenhoppelte. Auf meinen Ruf hin, kam er bis auf drei Meter nahe, aber näher ließ er mich nicht heran, um bald wieder ohne Hast in dem Rübenfeld zu verschwinden. Seither war nichts mehr von ihm zu erfahren. Was wohl aus ihm geworden ist?

Die mehrfache Möglichkeit zur Aufzucht von Rehkitzen und Frischlingen ließ ich bewußt aus, da mir früher dazu das passende Gelände und der ausreichende Platz fehlte. Außerdem habe ich einige Versuche mit Bockkitzen erlebt, die alle eines Tages an der Bösartigkeit der erwachsenen Böcke scheiterten, während mit weiblichen Kitzen leicht dauerhafte Erfolge zu verzeichnen waren. Auch den Werdegang einer ganzen Reihe von in Gefangenschaft aufgezogenen Wildschweinen konnte ich miterleben.

Bemerkenswert war die Geschichte von Jule, einer Bache, die im Alter von sechs Jahren geschlachtet wurde.

Ein mit mir langjährig bis zu seinem frühen Tod befreundeter Forstbeamter und Jäger mit einer großen Passion für das Wild, was für Forstbeamte nicht unbedingt eine Selbstverständlichkeit ist, sah am frühen Morgen eine Bache mit erst wenige Tage alten Frischlingen über ein schmales Wiesental ziehen. Ein wenig hinter der Rotte folgte stark lahmend ein schwacher Frischling, der offensichtlich eine Verletzung hatte. Der Förster schnitt der Bache den Weg ab, und es gelang ihm, den Nachzügler zu fangen, ohne daß die Bache auf das laute Klagen hin einschritt.

Der kleine weibliche Frischling hatte einen bösen Abzeß an der Keule, der von dem Förster fachmännisch gereinigt, desinfiziert und behandelt wurde. Sehr bald nahm die Kleine Nahrung an, erholte sich sichtlich und wuchs zusehends. Daß ihr der Teckel des Försters bei einem ihrer ersten Ausflüge aus dem Stall ein Stückchen aus dem Ohr gerissen hatte, vergaß sie diesem nie und jagte ihn in Zukunft, so weit es nur möglich war.

Bald konnte sie den Förster in den Wald begleiten. Sie blieb stets in seiner Nähe. Kamen sie an eine Dickung, so durchsuchte sie diese und war, am Ende angekommen, wieder bei ihrem Herrn. Sie war quicklebendig, folgsam und intelligent, wurde zum verhätschelten Liebling und hatte nur den einen Nachteil, daß sie zu schnell groß wurde.

So bekam Jule einen neuen Herrn, einen Verwandten des Försters, Metzgermeister in einem Vorort der Großstadt und verrückt nach der „Wildsau". Von da ab lebte Jule im Schlaraffenland. Sie gewöhnte sich schnell an den neuen Besitzer und seine große Dogge, hatte eine ganze Box im Pferdestall für sich und ging viel mit Herr und Hund spazieren. Auch dabei folgte sie frei bei Fuß, durfte mit der Dogge umhertollen und war bald die Attraktion. Sie wurde im Festzug mitgeführt, durfte mit ins Gasthaus und führte ein für ein Wildschwein zwar ungewöhnliches, aber recht annehmbares Leben. Natürlich durchbrach sie auch mal den Gartenzaun und durchwühlte Nachbars Gemüsebeete. Ihren

ersten Herrn erkannte sie noch nach Jahren wieder. Daß sie mit der Dogge ein paarmal ausrückte, wurde ihr noch verziehen. Übel vermerkt dagegen wurde die Tatsache, daß die beiden bei einem ihrer Streifzüge einige Jungen auf die Bäume jagten und auch nicht mehr herunterließen. So wurde Jule dann im siebenten Lebensjahr geschlachtet. Sie wog 128 kg, und heute noch wird von ihr erzählt.
Dies sind nur einige Beispiele aus einem Leben im Umgang mit Tieren. Bis auf den heutigen Tag werde ich um Rat gefragt, wenn ein Wildtier krank oder verletzt gefunden wird. Ich hätte doch Tierarzt werden sollen, wie ursprünglich geplant und vorgesehen, was jedoch der Krieg und seine Folgen verhinderten.

Der Scheidkopfbock

Unsere Bekanntschaft ging schon ins vierte Jahr. Womit allerdings nicht gesagt sein soll, daß er jemals irgendwelchen Wert auf meine Bekanntschaft gelegt hätte. Das Verhältnis war im Gegenteil höchst einseitig. Ich selbst ließ nichts unversucht, ihn möglichst oft und recht genau zu beobachten, er dagegen zeigte von Anfang an keinerlei Verständnis für mein Interesse und verbat sich das, indem er mir respektlos seine Kehrseite zeigte und sich schnellstens empfahl, sobald er mich nur wahrnahm.

Dieses unerfreuliche Wesen hatte sich mit den Jahren nur insofern geändert, als er anfangs noch eine ganze Weile aus sicherer Deckung hinter mir herschimpfte, in den beiden letzten Jahren aber mit seinem Baß nur noch zwei oder drei Schrecklaute von sich gab, um dann spurlos zu verschwinden.

Dabei konnte ich ihm sein abweisendes Verhalten noch nicht mal verdenken, denn schließlich war es vermutlich sein Vater, den ich drei Jahre vorher an einem strahlenden Frühlingstag mit einem hohen Blattschuß als siebenjährigen Abschußbock ins taufrische Gras streckte. Jetzt glich die linke Gehörnstange des Sohnes der des Vaters wie ein Ei dem anderen, während die rechte Stange ebenfalls abnorm war. Obwohl der Sohn keine Kenntnis von meiner damaligen Schandtat hatte, bleibt es eine sonderbare Tatsache, daß er schon als junger Bock gegenüber arbeitenden Bauern und harmlosen Spaziergängern wesentlich vertrauter war als gegen jedes Wesen, das mit dem Schießknüppel heimlich um den Scheidkopf schlich. Später, und vor allem in seinem letzten Lebensjahr, war er aber heimlich gegen alles und jeden, gleichgültig ob Bauer oder Jäger; so heimlich, daß ich eine ganze Zeitlang überhaupt an seiner Existenz zweifelte.

Der Scheidkopf ist ein Gebiet, in dem immer wieder ein starker Bock seinen Einstand hat. Es gibt ja bekanntlich solche Plätze, die dem Rehwild besonders zusagen, und so ein begehrtes Reich kann nur von dem Stärksten und Kräftigsten der Umgegend erobert werden. Dieses Stück Landschaft, ideal für das Rehwild, ist zugleich typisch für die höhere Gebirgsgegend des vorderen Odenwaldes. Nur wenige Kilometer von

der höchsten Erhebung, der Neunkircher Höhe, entfernt, liegt der Scheidkopf als bewaldeter Hügel auf einem Bergrücken, der von den waldreichen Hängen der höchsten Kuppe herunterzieht und noch einmal zur Heuneburg, der alten keltischen Fliehburg, hinaufsteigt, um dann steil nach dem Fischbachtal abzufallen. Links und rechts des Höhenrückens erstrecken sich zwei reizvolle, von Wald eingefaßte Wiesentäler, während sich an den Hängen Äcker, Weiden und Obstgärten abwechseln.
Was den Scheidkopf zu einem so schwierigen Jagdgebiet macht, ist seine annähernd kreisrunde Form, die, durch viele Waldecken und Einbuchtungen zerrissen, nirgends ein größeres Beobachtungsfeld des nur etwa 25 ha großen Waldstückes zuläßt. Im Inneren liegt ein alter, verlassener Syenitsteinbruch, in dessen Geröllhalden Fuchs und Dachs ideale Unterkunft finden, umgeben von Buchenrauschen und kleinen Fichtenhorsten, die überall in dem mit Felsentrümmern und Findlingsblökken übersäten Mischwald eingesprengt sind.
Als ich den Scheidkopfbock zum ersten Male als solchen registrierte, kurz nach dem Tod seines Vaters, der ihn zu Lebzeiten sicher abgeschlagen hatte, da war er ein hoffnungsvoller, junger Sechserbock, der ein hohes, gut verecktes Gehörn zwischen den Lauschern trug. Meine Schätzung stufte ihn so um drei Jahre ein und berechtigte mich zugleich zu allerlei Hoffnungen. Im Jahr darauf hatte sich dann sein Gehörn kaum verändert, an Masse nur wenig zugenommen, war aber weiterhin hoch und gut vereckt. Im nächsten Jahr dauerte es eine geraume Weile, bis ich sicher sagen konnte, daß es noch der Bock vom Vorjahr war. Er war männlicher geworden, wuchtiger und zugleich heimlich, mißtrauisch und scheu. In der grauen Dämmerung eines frühen Sommermorgens zog er auf einem Feldweg zwischen zwei schon fast mannshohen Roggenfeldern bis auf fünf Schritte vor meinen Apfelbaum, hinter dem ich mit Herzklopfen jede Einzelheit seines Äußeren musterte und in mich aufnahm. Gut handbreit über die Lauscher ragten die dünnen Stangen mit den Rücksprossen. Doch die Vordersprossen an den wenig geperlten Stangen waren nur noch angedeutet. Sollte der Bock schon zurückgesetzt haben? Ich führte dieses Zurücksetzen schließlich auf die Trockenheit des Vorjahres zurück, in dem die Äsungsverhältnisse außerordentlich schlecht waren. Daß ein Bock nicht nur aufgrund seines Alters zurücksetzt, ist inzwischen all-

gemein bekannt und bestätigt. In diesem Jahr hatte auch der Scheidkopfbock auf der linken Seite wieder eine Sechserstange, die sich kaum von der aus den Vorjahren unterschied. Rechts aber zeigte er eine Gabel, die mit Stangenende und Vordersprosse drei Finger breit über die Lauscher ragte, sich aber schon kurz über den Rosen gabelte. Da ihn der Förster im Vorjahr wegen der fehlenden Vordersprossen zum Abschußbock degradiert, aber vorbeigeschossen hatte, war er noch heimlicher geworden, und nur im April, als alles Rehwild sich häufig zeigte, konnte ich ihn einige Male beobachten.

Hätte der Scheidkopfbock meinen Erwartungen entsprochen, so hätte er jetzt, mit seinen vermutlich sechs Jahren, ein gutes Sechsergehörn mit ziemlich Masse zeigen müssen. Der vergangene Winter war für unser Wild denkbar günstig. Eichel- und Bucheckernmast hatten für den notwendigen Feist gesorgt, Brombeer- und Himbeerblätter gab es genug, und auf den Feldern sproßte schon sehr früh das erste Grün. Hasen, Fasane, Hühner, Schwarzwild und auch das Rehwild waren gut ins sehr zeitige Frühjahr gekommen. Eine Reihe guter bis sehr guter Böcke und auch zwei ganz starke hatte ich bestätigt.

Die Chancen zum Überleben sanken für den Scheidkopfbock immer tiefer, zumal auch der Vater rechts die abnorme Stange getragen hatte und ich eine erbliche Schwäche nicht ganz ausschloß. Und trotzdem wäre der Herr des Scheidkopfes wahrscheinlich noch einmal davongekommen, wenn er noch Herr und Herrscher gewesen wäre. Das aber schien mir nicht mehr der Fall; denn als die Schmalrehe und jungen Böcke sich rot färbten, da äste in der Lieblingsecke des Scheidkopfbokkes ein kräftiger Bock, der vermutlich aus einer anderen Familie stammte. Der trug ein weitausgelegtes, wuchtiges Gehörn, während die Stangen des Alten schon immer recht eng standen. Nun hatte der Scheidkopfbock meist einige junge Böcke um sich geduldet, solange sie nicht als ernsthafte Konkurrenten in Betracht kamen. Dieser Bock aber schien nicht die Rolle eines untergeordneten Begleiters zu spielen. Anfang Mai scheuchte er einen anderen jungen Bock durch die Gegend, daß dem Hören und Sehen verging. Das hätte der Alte noch im Jahr zuvor auf keinen Fall geduldet. Kein anderer hätte sich in seinem Bereich als Herr aufspielen dürfen. Er hatte jetzt seinen Einstand in den verwachsenen Nordosthang verlegt und war nur selten zu sehen. Anscheinend war noch nicht endgültig entschieden, wer Herr im Scheidkopf

sein würde. So sehr es mir rein gefühlsmäßig um den alten Bekannten leid tat, in mir festigte sich der Entschluß, Schicksal zu spielen, den Herrschaftskampf zu beenden und den Scheidkopfbock als ersten Abschußbock zu erlegen.
Das hört sich einfach an, und so schien es mir auch. Hatte ich den Bock doch schon oft schußgerecht vor mir. Sobald ich mir aber vorgenommen hatte, auf den Bock zu waidwerken, kam es mir vor, als habe er von meinem Vorhaben Kenntnis bekommen und sei verschwunden.
In den ersten Wochen, die ich ihm widmete, bekam ich ihn überhaupt nicht zu Gesicht. An der Südseite stand regelmäßig der neue Bock mit einer nicht mehr jungen Ricke, und manchmal war auch ein Schmalreh dabei. Auf der von Wald und einer Baumreihe umrahmten Viehweide der Westseite äste stets eine alte Ricke, die ihre Kitze in der Nähe hatte, und an dem unübersichtlichen Nordosthang konnte ich zwei Jährlingsböcke, eine Ricke mit Kitz und ein Schmalreh entdecken. Nur von dem Bock war nichts zu sehen, obwohl ich jeden Abend bis zur völligen Dunkelheit ansaß.
Ich pirschte bei grauender Dämmerung um den Scheidkopf, sah Fuchs und Dachs und all die bekannten und auch einige unbekannte Stücke Rehwild. Sogar der Marder, um den ich mich im Winter vergeblich bemüht hatte, äugte eine ganze Weile von einer Felsklippe auf mich herab. Nur der Scheidkopfbock blieb unsichtbar. Sollte er doch dem anderen Bock gewichen sein? Hatte er sich in einen anderen Revierteil umgestellt?
Als die Sonne am nächsten Sonntagmorgen über die langgestreckten Höhenzüge des hinteren Odenwaldes emporstieg, da saß ich bereits auf einem gut versteckten Hochsitz am Waldrand des westlichen Seitentals, von dem aus man ein großes Stück Waldrand des Scheidkopfes einsehen kann. Und das war gut so. Denn bei den sieben Stück Rehwild, die über dem Wiesental im Klee standen, erkannte ich einen einjährigen Knopfbock, der nur mühsam auf drei Läufen durchs Leben humpelte. Der Knall, den er nicht mehr vernahm, denn er lag im Feuer, erlöste ihn von seinem kümmernden Dasein. Vermutlich war es eine Mähmaschine, die dem vorjährigen Kitz den linken Hinterlauf am Sprunggelenk abgeschnitten hatte. Das ihm zunächst stehende Schmalreh, das genau vor meinen Sitz flüchtete, war zwar stärker, ging aber ebenfalls nur auf drei Läufen. Nur war es bei ihm der Vorderlauf, der

fehlte. Von einer Behinderung war nicht viel zu merken. Sicher waren es Bruder und Schwester, deren Instinkt sie betrog, als sie sich gemeinsam tief ins hohe Gras gedrückt hatten, um sich vor dem ratternden Ungetüm zu verbergen. Der Morgenansitz war also erfolgreich. Nur dem Scheidkopfbock hatte er mich keinen Schritt näher gebracht.
Auch der nächste Morgenansitz mit anschließender Pirsch brachte zunächst keinen Erfolg. Doch als ich gegen neun Uhr auf der Straße unterhalb des Scheidkopfes entlangfuhr, da stand der Gesuchte im hellen Sonnenlicht vor dem Waldrand, zwar etwas gedeckt durch die Busch- und Baumreihe, doch ohne Zweifel war er es. Also war er noch da, und ich würde auch noch zu Schuß kommen. Mein Stimmungsbarometer, das schon ziemlich tief gestanden hatte, schnellte wieder hoch. Doch was trieb er da oben? Es paßte ihm nicht, daß zwei knallrote Schmalrehe in seiner Nähe ästen. Die vertrieb er, und er zeigte sich dabei wenig galant und als ein rechter Grobian. Das ist die Art eines älteren Rehbocks, und auf sein Alter deutete auch der Umstand hin, daß er noch die graue Winterdecke zwischen den Vorderläufen trug. Dabei waren wir schon im Juni. Als er einige Male die schützende Deckung verließ und die Schmalrehe über das freie Feld trieb, wäre sogar ein weiter Schuß vom Auto aus möglich gewesen. Doch dieser Schuß, damals noch nicht verboten, hätte mir keine Freude bereiten können, und wäre er noch so genau im Leben gewesen. Schießkunst ist keine Jagd. Jagd ist Pirschen und Lauern, Schleichen und Suchen, Verstecken und Überlisten, ein Messen der Kräfte und Sinne zwischen Jäger und Wild. Nur so kann ein Schuß zum befriedigenden Erfolg werden. Zufrieden fuhr ich nach Hause.
Von jetzt ab verlegte ich mein Beobachtungsfeld ganz auf die Ostseite, unterhalb der die Straße vorbeiführte. In den nächsten Tagen versuchte ich aus der Ferne festzustellen, wo der Bock abends austreten würde. Doch er kam nicht. So probierte ich es wieder morgens.
Als ich am Fronleichnamstag noch bei Dunkelheit den Kopf aus der Tür steckte, regnete es in Strömen. Gut so! Je weniger Menschen draußen sind, um so sicherer fühlte sich das Wild.
Noch kein Fahrzeug ist auf der Straße. Leise verlasse ich den Wagen, die Tür vorsichtig ins Schloß drückend. An dem tiefer gelegenen Wäldchen entlang pirsche ich nach dem Scheidkopf hinauf. Ein junger Gabelbock tritt vor mir aus und zieht über einen Erdbeeracker hinweg nach der

Straße hinüber. Gott sei Dank! Er hat nichts von mir bemerkt. Weiter schleiche ich gegen den Wind. Vor der Busch- und Baumreihe steht ein einzelnes Stück Wild. Der Gestalt und dem Verhalten nach könnte es der Bock sein. Doch zum sicheren Ansprechen genügt auf die Entfernung das Licht noch nicht. Also abwarten! Bis an eine kleine Böschung wage ich mich noch vor. Da schmält rechts aus dem Wäldchen eine Ricke, die mich sicher aus dem Waldinnern heraus beobachtet hat. Das einzelne Stück wirft auf. Zögernd trollt es nach dem Waldrand hinauf. Als es vor den Bäumen steht und sich heller gegen die dunkle Mauer des Waldes abhebt, erkenne ich ihn. Er ist es! Doch schon hat ihn auch der Wald aufgenommen. Vorbei für heute!

Tags darauf versuche ich es wieder abends. Oberhalb der Stelle, an der er am Tag zuvor stand, ist ein Hochsitz in einem wilden Kirschbaum. Dort sitze ich, bis es fast dunkel ist. Dann baume ich ab und gehe behutsam an der Buschreihe entlang bis zu einem großen Obstgrundstück mit jungen Halbstämmen. Als ich über die Böschung um die Waldecke sehen kann, zieht der Bock gerade in die nächste Waldecke ein. Wahrscheinlich hat er nichts von mir bemerkt. Hier will ich ihn am nächsten Abend erwarten.

Am Mittag baue ich mir meine leichte Einholmleiter gut getarnt in den Waldrand, und gegen Abend warte ich darauf, daß der Bock sich hier wieder zeigt.

Schon recht früh stehen die zwei Schmalrehe vor mir. Etwas später kommt die alte Ricke mit ihrem Kitz, auf die der Obstbaumbesitzer so schimpft, und die ich im Herbst und Winter nie bekommen kann. Hoch in die unteren Äste der Halbstämme stemmt sie die Vorderläufe und äst alle erreichbaren Apfelblätter ab. Ich bin in Versuchung, sie fortzujagen. Allmählich wird es dunkler. Lange dauert es nicht mehr, und der Bock wäre nicht mehr zu erkennen. Schon überlege ich, ob ich nicht abbaumen und am Waldrand zurückpirschen soll. Da ertönt dreißig Schritt hinter mir im Waldesdunkel der grobe Baß des Bockes. Einmal nur, aber unverkennbar. Dabei saß ich die ganze Zeit unbeweglich. Hat er Wind von mir bekommen oder mich gegen den hellen Himmel eräugt? Noch einmal schreckt er schon weiter oben am Hang. Dann ist wieder Stille. Enttäucht stolpere ich in der Dunkelheit zurück zum Wagen. Und doch hat es mich nun erst richtig gepackt. Den Bock muß ich haben, und wenn der ganze Sommer draufgeht!

Schon am nächsten Sonntag sitze ich wieder ganz früh im Kirschbaum. An der Straßenseite tritt er jetzt gewöhnlich aus. Das ist mir inzwischen klar geworden. Doch ich warte vergeblich, und selbst die Ricke mit den beiden quicklebendigen Kitzen unter mir im Klee kann mich nicht voll entschädigen. Die Sonne steht schon hoch, und es ist gegen acht Uhr, als ich abbaume und gewohnheitsmäßig noch mal am Waldrand entlanggehe, um dann über den höchsten Punkt durch den dort lichten Buchenbestand zurückzumarschieren. Bevor ich an den Kirschbaumhochsitz zurückkehre, spähe ich vorsichtig durch die Randbüsche des Waldes. Plötzlich gibt es mir einen Ruck. Das ist doch der Bock, der dort siebzig Schritte unterhalb des Sitzes steht. Jetzt muß es aber klappen! Durch den verwachsenen Waldschirm kann ich unmöglich schießen. Leise ein paar lautlose Schritte auf dem Kamm weiter. Wo kann ich nur anstreichen? Der Bock scheint vertraut zu äsen. Nur drei Schritte brauche ich noch bis zum nächsten Baum. Da wirft der Bock auf. Wie erstarrt stehe ich auf einem Bein. Doch den Bock täusche ich nicht. Kein Zögern, kein Verhoffen mehr. Ab geht er, und nach einigen Fluchten ist er untergetaucht. Aus!
Auf dem Heimweg reift ein neuer Plan. Parallel zur Straße stehen einige Apfelbäume, von denen aus kann ich fast alle Plätze überschauen, an denen der Bock in den letzten Tagen austrat. Zum Schießen wären es allerdings über hundertundfünfzig Meter. Vorsichtshalber mache ich zu Hause mit dem Drilling auf zweihundert Schritt einen Probeschuß. Das 7 x 57-Geschoß sitzt drei Zentimeter links von dem fünfmarkstückgroßen Zentrum.
Nachts träume ich, der Bock stände vor mir, und der Drilling versagte. Ist das ein schlechtes Omen? Trotzdem fahre ich noch bei völliger Dunkelheit los. Wieder regnet es in Strömen. Schon weit vor dem Scheidkopf lasse ich das Auto am Straßenrand stehen. Im Schutze einer hohen Böschung komme ich mühelos bis zu den untersten Apfelbäumen. Dort warte ich, bis das erste graue Tageslicht durch die tiefhängenden Wolken sickert. Dann steige ich die zweite Böschung hinauf, klettere über eine Trockenmauer und stehe unter dem ausgesuchten Baum mit den tief hängenden Zweigen. Oben vor dem Kirschbaumsitz sind schwach zwei Stücke Rehwild zu erkennen. Nach einiger Zeit kann ich in dem unteren Stück einwandfrei den Bock ausmachen. Ich lege mich lang ins patschnasse Gras, um einen sicheren Schuß abgeben zu kön-

nen. Doch von der Erde aus kann ich nur das Haupt des Bockes sehen, alles andere ist durch ein dazwischenliegendes Getreidefeld verdeckt. Also rauf auf den Baum! Das Rauschen des Regens überdeckt das Rascheln des Laubes. Ganz oben finde ich eine passende Astgabel, in die ich den Drilling auflegen kann. Leider steht der Bock jetzt spitz. Das Jagdfieber packt mich, so daß ich den Drilling wieder absetzen muß. Ich zwinge mich zur Ruhe.
Wieder steht der Bock im Zielglas. Er schüttelt sich die Nässe aus der Decke, daß die Wassertropfen wie eine kleine Wolke um seinen massigen Körper stehen. Nun macht er eine halbe Wendung. Ruhig steht die Spitze des Zielstachels hinter dem Blatt, als der Schuß bricht. Im Knall sehe ich, daß unter den Läufen des Bockes das Wasser spritzt. Ohne zu zeichnen, steht der Bock mit erhobenem Haupt. Er muß doch fallen. Ich weiß, daß ich genau abkam. Doch der Bock fällt nicht. Unschlüssig zieht er ein paar Schritte vor, jetzt wieder zurück und trollt dann nach dem Scheidkopf hinauf. Er hat keine Ahnung, was passiert ist.
Mechanisch klappe ich den Drilling auf, nehme ohne hinzuschauen die abgeschossene Patronenhülse heraus und lasse sie fallen. Doch als sie meine Hand verläßt, fällt mir auf, daß sie so schwer ist. Und blitzartig überfällt mich die Erkenntnis, daß ich im Jagdfieber vergaß, auf Kugel zu schalten und demzufolge mit dem kurztragenden Flintenlaufgeschoß aus dem rechten Schrotlauf geschossen habe.
Völlig geknickt klettere ich an den feuchten Ästen wieder nach unten. Dabei fällt mir ein, daß die unverschossene Kugelpatrone in die neben dem Apfelbaum wuchernde Hecke gefallen ist. Nachsehen kann man ja mal. Und da glänzt auch schon die Messinghülse zwischen Laub, Dornen und Buschwerk. Ein reiner Zufall, daß ich die gefunden habe. Eigentlich ist das Unsinn. Aber dieser Zufall gibt mir wieder Auftrieb. Könnte nicht der Zufall auch wollen, daß ich den Bock noch mal treffe? Ich fahre nicht, wie die Vernunft geraten, nach Hause, sondern umschlage den Scheidkopf in weitem Bogen und dringe von der Westseite wieder in den Wald ein. Pirschen kann man bei nassem Laub und dem eintönigen Tropfenfall ganz ausgezeichnet. Kein Laut dringt durch das Rauschen des Regens. Am Steinbruch vorbei, unter dem alten Bussardhorst weiter, stehe ich bald über dem Hang, in den der Bock eine knappe Stunde vorher einwechselte. Jetzt heißt es ganz vorsichtig sein! Ohne jede hastige Bewegung schiebe ich mich so weit vor, daß ich den

Oben: Auch ein „Grüner" ▶
Unten: Ameisen, unentbehrlich für den gesunden Wald

Waldrand von innen absuchen kann. Als die Hand langsam das Glas an die Augen hebt, zuckt eine Bewegung im Waldschirm hoch, Kopf und Hals eines Rehes. Ich bewege mich nicht mehr. Zwischen dem Stück Wild und mir wächst einiges Unterholz. Jetzt tritt das Reh etwas vor, um besser nach mir äugen zu können. Diesen Augenblick benutze ich, um das Glas ganz hochzunehmen. Dort unten steht der Bock und sichert nach mir. Das Schmalreh äst schon wieder vertraut außerhalb des Waldsaumes. Doch der Bock hat etwas gemerkt. Wind kann er keinen von mir haben. Entweder er äugt besser und schärfer als andere Rehe, oder er hat den sechsten Sinn. Noch einmal tritt er weiter, um besser äugen und sich zugleich hinter einem Eichenstamm decken zu können. Das hatte genügt, daß ich den Drilling hochnehmen und auf Kugel schalten konnte. Inzwischen sind allerdings von meinem Bock nur noch Kopf und Hinterläufe zu sehen. Die Entfernung beträgt nicht mehr als sechzig Schritte. Ich bin in Versuchung, auf das Stück Hals zu halten, das hinter dem Stamme hervorsieht. Doch meine Hand ist zu unruhig für einen sicheren Schuß. Wenn der Bock nur einen Schritt vortreten würde. Aber er tut mir den Gefallen nicht. Unverwandt äugt er nach mir her, und der Drilling wird schwer und schwerer. Schon fünf Minuten stehe ich im Anschlag. Die Laufmündung wackelt schon wie ein Lämmerschwanz. Endlich wird es dem Bock zu dumm. Er will sich sachte die Randböschung hinunter davonstehlen. Im selben Augenblick mache ich den Finger krumm, und der Bock ist verschwunden. Kein Zeichnen, kein Abspringen, nein, er ist einfach verschwunden. Sollte er liegen? Entgegen jeder Regel laufe ich schnell den Abhang hinab. Hier hatte er gestanden. Kein Schweiß, keine Schnitthaare, keine Eingriffe im nassen Laub zu finden. Vorbeigeschossen! Verzweifelt suche ich weiter. Nichts! Dann fahre ich nach Hause mit einem miserablen Gewissen und keinerlei Hoffnung, dem Bock so schnell nochmals zu begegnen. Mein einziger Wunsch ist, wenigstens richtig vorbeigeschossen zu haben. Schwer deprimiert resigniere ich.

Und trotzdem baue ich schon am nächsten Abend meinen Sitz wieder in die vor dem Waldrand liegende Baumreihe. Jeden Abend hoffe ich vergeblich. Nach sechs Tagen weiß ich immer noch nicht, ob ich den Bock wirklich vorbeigeschossen habe.

Eine Zentnerlast fällt mir vom Herzen, als ich am nächsten Sonntagvormittag beobachte, wie der Bock schon vor fünf Uhr über den schmalen

Streifen zwischen Baumreihe und Wald einwechselt. Gott sei Dank, er lebt noch. Und wieder beginne ich, von neuem zu hoffen.
Freunde raten mir, doch mal die Tapete zu wechseln und mich um unsere anderen Böcke zu kümmern. Ich weiß ja kaum noch, was im übrigen Revier vorgeht. Doch ich habe mir vorgenommen, auf keinen anderen Bock zu waidwerken, bevor der Scheidkopfbock auf seiner dunkelroten Decke liegt. Und dann versuche ich, mich in die „Gedankenwelt" eines alten Rehbockes zu versetzen.
Wieder vergehen acht Tage, ohne daß ich ihn zu Gesicht bekomme. Seit fast fünf Wochen bin ich nun hinter ihm her. Inzwischen steht meine Ansitzleiter zwanzig Meter von dem Fleck entfernt, an dem ich ihn vorbeischoß, gut versteckt zwischen drei jungen Kiefern, und ein sauber gefegter Pirschsteig führt durch den Wald zu dem Obstgarten. Zwei Tage bleibe ich ganz zu Hause. Dann beginne ich eines Mittags mit viel Radau und Lärm an der Westseite mit dem Bau eines neuen Hochsitzes, der dort sowieso noch hingehört.
Mein Plan ist folgender: Ich bin fest davon überzeugt, daß der Bock mich genau kennt und außerdem meist weiß, wo ich mich gerade aufhalte. Dementsprechend richtet er sein Verhalten ein und kommt dort nicht, wo ich mich befinde. Also soll er glauben, daß ich oben an der Westseite gerade arbeite und ansitze, während ich mich unbemerkt an den Osthang schleiche, um dort an der Stelle des Wechsels zu passen, die der Bock beim Aus- und Einwechseln regelmäßig berührt.
Genau so halte ich es auch. Kaum steht der neue Sitz und es geht gegen Abend, da dringe ich von dem Obstgarten her auf dem neuen Pirschsteig in den Wald ein. Der kaum wahrnehmbare Wind steht günstig, und kein Ästchen hat geknackt, kein trockenes Laub hat geraschelt. Es ist gegen neunzehn Uhr und noch mindestens zwei Stunden hell. Ich setze mich behaglich im Sitz zurecht und mache mich auf einen langen Ansitz gefaßt. Hinter mir im Unterholz singen noch Mönch und Braunelle. Silbern perlt der Gesang des Rotkehlchens, und von der hohen Fichte am Hang jauchzt die Drossel. Schon recht früh geistert der Waldkauz zwischen den Stämmen hindurch und bringt die Amseln in Aufregung. Ein Ringeltauber ruft aus der Ferne. Überall herrscht noch reges Leben in dieser schönsten Zeit des Jahres.
Gegen zwanzig Uhr zieht ein Schmalreh am Hang herunter, hält den Wechsel und tritt unterhalb von mir aus. Mit dem Bock rechne ich,

wenn er überhaupt kommt, kurz vor der Dunkelheit. Mein Hauptaugenmerk richtet sich nach links. Dort müßte er erscheinen. Allerdings weiß man das nie so genau bei ihm. Er steht plötzlich da und ist genau so plötzlich wieder verschwunden. Und so steht auch jetzt plötzlich ein Stück Rehwild links im Waldrand. Für den Bock ist es zwar zu früh, und doch nehme ich das Glas hoch und erkenne zwischen den Ästen und Zweigen des Waldrandes eine hohe, dünne Sechserstange und daneben die fast gleichhohe Gabel. Jäh schießt das Blut zum Herzen. Doch dann habe ich mich wieder in der Gewalt. Nur jetzt keine Übereilung! – Wohl zehn Minuten steht der Bock unbeweglich. Ich habe keine Ahnung, wo er herkam. Wenn meine Berechnung stimmt, dann müßte er auf vierzig Schritte unter mir vorbei. Der Drilling liegt schußbereit vor mir. Und der Bock kommt. Doch jetzt so flott, daß ich zwischen den Stämmen kaum mit dem Lauf folgen kann. Als er unter mir über die freie Stelle trollt, schrecke ich ihn zweimal kurz an. Wie eine Mauer steht er, dann zerreißt der Schuß die Stille. Hoch bäumt sich der Bock, um dann wie besessen durch den Waldrand hinauszurasen. Aufatmend setze ich ab. Ich weiß, der Bock liegt. Zehn Minuten später stehe ich am Anschuß und finde viel Schweiß, hellroten Lungenschweiß. Dem nachgehend, steige ich die Böschung hinter dem Waldtrauf hinunter und stehe vor meinem Bock, den ich im hohen Gras erst sehe, als ich fast über ihn falle. Langsam ziehe ich den Hut vom Kopf und halte ihm eine lange Totenwache. Und wäre die Trophäe weniger interessant, so wäre sie mir trotzdem so wertvoll wie die des Starken, den ich ohne große Mühe im Spätsommer erlegte. Der Schweiß und die Mühe machen den Preis erst wert.

Ein Fehlschuß

Es gibt brave Böcke und weniger gute, schlechte Jäger und gute, und nicht anders verhält es sich mit den Jagdaufsehern. Ich kenne Jagdbetreuer, deren Tätigkeit sich im wesentlichen auf das Anpöbeln von Spaziergängern beschränkt, und solche, denen Wohl und Wehe des Reviers und seines Wildes über alles gehen, ohne daß sie darüber ein Wort verlieren.

Wenn diese Binsenweisheit hier vorangestellt wird, dann nur, weil ich als Gast lediglich einem guten Jagdaufseher drei Jahre hintereinander drei wirklich alte Böcke verdanke.

In dem mir zugewiesenen Revierteil konnte ich trotz intensiver Beobachtung nur Böcke ausmachen, deren Äußeres zu großen Hoffnungen berechtigte, während der angesagte Abschußbock sich ins Nachbarrevier umgestellt hatte, wie mir der dort zuständige Forstbeamte auch bestätigte.

Diese dem Jagdherrn vorgetragene Feststellung brachte den Jagdaufseher zu folgender Erklärung: „Du sollst deinen alten Bock haben, und da Dir die Trophäe doch nicht das Wichtigste ist, bekommst Du einen so steinalten Bock, wie Du noch nie einen geschossen hast!" – Das war ein großes Wort, und ich war gespannt.

Nach der neuen strategischen Lage bekam ich eine neue taktische Anweisung: „Wir treffen uns morgen abend um 18 Uhr vor dem alleinstehenden Gasthaus in Erlau. Dort kannst Du den Bock praktisch von der Flasche Bier aus erlegen."

Nun, das war wieder gar nicht nach meinem Geschmack. Doch meinen entsprechenden Einwand bügelte der Jagdaufseher grinsend aus, indem er meinte: „Komm erst mal pünktlich, Du wirst schon zufrieden sein!"

Ich hatte zwar ein ungutes Gefühl, als ich zum vereinbarten Treffpunkt fuhr, doch ich beschwichtigte mich mit dem Gedanken, daß der Martin es bis jetzt noch immer gut mit mir gemeint hatte, ganz im Gegensatz zu seinem widerborstigen, rauhschaligen Auftreten und seinen groben Sprüchen. Die sind mir aber im allgemeinen lieber als ölglatte Lügen und schmeichelnde Diplomatie.

Martin saß bereits neben seinem Moped auf einem vor dem Gasthaus liegenden Baumstamm. „Jetzt setz Dich erst mal her und trink eine Flasche Bier, das Weitere wird sich schon finden!"
Das kühle Bier schmeckte an dem heißen Tag – es war Juli und kurz vor Beginn der Brunft – zwar ausgezeichnet, aber diese Art des Ansitzes war völlig neu, ungewohnt und schmeckte mir überhaupt nicht. Hinter uns Unterhaltung von dem Hof und aus dem Lokal, vorbeifahrende Kraftfahrzeuge, Hühnergegacker und Spaziergängergespräche waren eine Kulisse, die zu einem Familienausflug passen mochte, nicht im geringsten aber zu jagdlichem Tun. Außerdem schwieg sich Martin über seine Absichten völlig aus, erzählte von diesem und jenem, schimpfte aus lieber alter Gewohnheit über die nach seiner Ansicht völlig falsche Abschußplanung und hob von Zeit zu Zeit die Bierflasche. Ich verhielt mich abwartend, hielt dies für das Klügste und lutschte ebenfalls in regelmäßigen Abständen an der Flasche. Hätte der Jagdaufseher nicht von Zeit zu Zeit mit dem Glas den vor uns liegenden, mit reifenden Getreidefeldern und Obstbaumgrundstücken bedeckten Hang abgeleuchtet, man hätte glauben können, hier beendeten zwei friedliche Wanderer ihren Sonntagnachmittagsverdauungsspaziergang.

Dann schreckt mich Martin aus meinen tiefsinnigen Betrachtungen über den Unwert der Raucherei, die ich doch nicht lassen kann, plötzlich hoch, stößt mich an und deutet mit dem Kopf nach drüben, wo auf ungefähr 400 Meter auf einem schmalen Grasstreifen zwischen einem Hafer- und einem Roggenfeld ein Stück Rehwild steht. Das Haupt ist durch die tiefhängenden Zweige eines jungen Kirschbaums noch verdeckt. Meines Nachbarn schmunzelndes Gesicht sagt mir aber, daß dies der Bewußte sein muß. Im Glas erkenne ich zunächst nichts Besonderes. Dann äst das Reh aber mehr nach vorn, und jetzt erkenne ich, warum Martin so grinst. Dieser Bock ist wirklich alt, und um den anzusprechen, braucht man kein alterfahrener Waidmann zu sein. An dem gleichfarbig grauen, dicken Haupt scheinen die Lauscher altersmüde nach unten zu hängen. „Hast Du denn schon gesehen, daß der zwischen den Vorderläufen noch die Winterdecke hat?" frage ich Martin. Der winkt ab: „Kann schon sein! Was glaubst Du wohl, wie lange ich den schon kenne?" Und dann erzählt er endlich, worauf ich schon so lange warte: „Dieser Bock war mal prima. Er ist einer unserer Besten

gewesen, und von ihm stehen schon etliche Gute und Zukunftsböcke im Revier. Er war als erster Bock überhaupt für den Großneffen des Jagdherrn gedacht. Du siehst ja, mit den zurückgesetzten geraden Spießen ist sowieso kein Staat mehr zu machen. Der Jungjäger aber schoß ihn im Frühsommer glatt vorbei. Und jetzt sollst Du ihn haben."
Nach dieser Eröffnung, die ich als Einweisung ansah, begann ich bereits zu planen, wo ich meinen transportablen kleinen Sitz hinstellen würde. Martin aber reißt mich aus allen Plänen mit der Aufforderung: „Geh' rüber und schieß ihn tot!"
„Was, jetzt gleich? – Völlig ausgeschlossen! – Ich habe ja überhaupt noch kein Verhältnis zu dem Bock, kenne ihn noch gar nicht. – Außerdem muß ich dazu alleine sein."
Und das war keine faule Ausrede von mir, sondern so dachte und denke ich wirklich. Morgens in aller Frühe, wenn alles noch still, die Feld- und Waldumgebung noch nicht von menschlichem Lärm und Treiben entweiht, wenn aus dem Schornstein des Hofes gerade der erste Rauch kräuselt, dann wäre die Stunde für den Alten da drüben gekommen.
Doch der Jagdaufseher, der sonst so sehr um jedes Stück Wild Bedachte, hat scheinbar wenig Sinn für Stunde und Stimmung. „Ach was, ich werd' mich hier überhaupt nicht regen. Was glaubst Du, wieviel Gäste schon bei mir geschossen haben? Außerdem stört sich der Bock um den Betrieb auf der Straße überhaupt nicht. Den kennt der schon seit Jahren."
„Nein, das kommt überhaupt nicht in Frage! Dazu muß ich alleine sein!" beharre ich stur auf meinem Standpunkt.
Martin sieht mich erstaunt an. „Du stellst Dich aber an. Du bist doch kein Jungjäger mehr!"
Das zog! Wer wollte die gute Meinung, daß man einige Erfahrung habe, so brutal zerstören? Die liebe Eitelkeit siegte. Noch einige fadenscheinige, schwache Einwände, dann packe ich den Drilling und ziehe los. Zwar nicht überzeugt, aber doch gehorsam und zu feige, noch einen Widerspruch zu wagen. Nur zehn Schritte in die Wiese, und der Bock ist für mich, ich aber auch für ihn, durch die Krümmung des Hanges und die hohen Getreidehalme gedeckt. Doch ich habe die Wiese noch nicht überschritten, da ruft mir Martin zu: „Eben ist er wieder eingezogen. Er muß sich im Hafer niedergetan haben."
Das ändert die Sachlage. So kann ich mich wenigstens dort oben in

Deckung auf ihn ansetzen. Ich hole mein Ansitzstühlchen und pirsche zwischen den Getreideschlägen möglichst leise hoch, um an die Stirnseite des langgezogenen Grasstreifens zu kommen, auf den der Bock sicher wieder austreten wird. Dort angekommen, sehe ich mich nach einer Deckung um und finde sie unter einem starken Birnbaum, der am Rande eines weiteren Haferfeldes steht und mit seinen tief herabhängenden Ästen mich gut verbirgt, zugleich aber auch die Sicht behindert. Vor dem borkigen Stamm baue ich mein Stühlchen auf und lehne mich mit dem Rücken an. Dann suche ich auf dem ansteigenden Grasstreifen den Platz, an dem der Bock vorhin stand. Das müßte so ungefähr achtzig Schritte von mir entfernt sein. Ja, dort steht der junge Kirschbaum, links davon steigt die kleine Böschung zu dem Haferschlag an, auf der Böschung steht ein Rainfarnbusch, und was ist das, was da noch etwas weiter links durch die Halme des Getreides dunkelt?
– Der Bock ist es. –
Zwar von den Halmen gedeckt und nur schemenhaft, aber doch eindeutig erkennbar sind die Lauscher und das massige Haupt. Als er jetzt nach den Fliegen schlägt, ist jeder Zweifel behoben. Von mir scheint er überhaupt nichts wahrgenommen zu haben.
Somit wäre die ganze Erlegung nur noch eine Geduldsprobe. Ich warte bis er sich erhebt, und dann muß es knallen. Etwas zu einfach das Ganze und geschmacklos dazu. Der Schuß ist auch keine Kunst. – Ich versuche, die schemenhaften Umrisse ins Zielfernrohr zu bekommen. Oh weh, das geht gar nicht so einfach. Die Ellenbogen auf die Oberschenkel aufstützen geht auch nicht, dazu steht das Ziel zu hoch. Am Baumstamm anstreichen wäre schon denkbar, aber dazu müßte ich mich noch mal um den Baum herum bewegen, und da würde mich der Bock womöglich bemerken. Also abwarten, auf die geringe Entfernung muß es auch freihändig gehen.
So verrinnen die Sekunden und die Minuten. Es vergeht eine Viertelstunde, eine halbe Stunde. Und immer noch habe ich den Bock vor Augen und warte, daß er sich erhebt und ins Freie tritt. In Gedanken sehe ich ihn schon vor mir liegen, und ich stelle bereits fest, daß von meinen vielen Böcken keiner nur annähernd so leicht und fast ohne eigenes Zutun gestreckt wurde. Nein, mit Waidwerk hat das nicht viel zu tun. Nicht selbst ausgemacht, denkbar einfach anzusprechen, und dann einfach so hingesetzt und totgeschossen. Wie oft habe ich so etwas bei

anderen schon verworfen. In meine Gedanken hinein wird der Bock plötzlich hoch. Frei ragen Haupt und Träger über den dünn stehenden Hafer. Sachte hebe ich den Drilling. Wenn ich jetzt auflegen könnte, würde ich ihm durch den Träger schießen. Doch so geht das nicht. Also weiter warten, bis der Bock herauskommt. Schon setzt er sich ja in Bewegung. Gleich muß er die Böschung herunterkommen. Doch an dem Rainfarn verhält er, nascht an einer Haferrispe, schlägt an den Stengel und rupft ein paar Hälmchen am Rande des Feldes. Nur heraus tritt er nicht. Schwer und schwerer wird der Drilling so ohne jegliche Auflage. Doch mein Bock zieht keinen Schritt weiter.

Am Rande meiner Aufmerksamkeit höre ich die Geräusche der Straße heraufschallen. Eben schlägt dort eine Autotür. Ich vernehme eine bekannte Stimme, die gerade Martin begrüßt. Na, der hat mir als Zuschauer gerade noch gefehlt! Oberförster Lang ist es, gut befreundet und durch seinen schlagfertigen Witz und beißenden Spott so berüchtigt wie berühmt. Martin klärt ihn gerade auf, wo ich ungefähr sitze und daß ich den alten Bock umbringen will. Weitere Stimmen ertönen. Mein Gott, der muß ja die ganze Verwandtschaft dabei haben, Frau und Kinder, Schwiegereltern, Schwägerin und Schwager! Sicher stehen auch noch der Wirt und ein paar Gäste am Zaun und warten auf meinen Schuß. Bockjagd vor vollbesetzter Tribüne sozusagen! – Jedes Wort kann ich bis herauf vernehmen. „Wo sitzt er?" – „Wo ist der Bock eingezogen?" höre ich fragen. Die müßten den Bock doch eigentlich schon sehen! – Nein, so kann ich ganz einfach nicht schießen. Wir sind doch nicht auf der Kirmes an der Schießbude. Was aber werde ich zu hören bekommen, wenn ich nicht schieße? Haargenau kann ich es mir ausmalen, und mir graust schon jetzt davor.

In dem Augenblick tritt der Bock ins Freie. Der Zielstachel ist drauf, nein, jetzt drunter. – Nein, jetzt drüber. – Noch ein paar Schritte zieht der Bock weiter. Der Drilling scheint bleischwer, und der Lauf schwankt wie ein Rohr im Wind. Und da müssen mir die Nerven versagt haben. „Rums" ist der Schuß draußen, und ich weiß nicht, wer ihn abgefeuert hat. Nur daß er vorbei ist, das weiß ich, noch bevor die Kugel den Lauf richtig verlassen hat, und am liebsten hätte ich mich lang in den Hafer fallen lassen. Da hatte ich mir etwas darauf eingebildet, daß ein Fehlschuß mit der Kugel bei mir wirklich eine ganz seltene Ausnahme bedeutet. Wie hatte ich die Jungjäger zwei Abende vorher im

Unterricht belehrt? „Meine Damen und Herren“, hatte ich mit erhobener Stimme gesagt, „wenn Sie Ihres Schusses nicht sicher sind, dann lassen Sie den Finger eben gerade, das ist in jedem Fall besser als vorbeigesengt oder gar angeflickt!“

Nun, in letztem Punkt konnte ich beruhigt sein. Die Kugel war richtig vorbei. Im Schuß schien es, als habe der Bock sich geduckt, dann sprang er nach unten in den Roggen ab, wo ich ihn nicht mehr sehen konnte. Dafür höre ich jetzt um so lauter die Aufregung von der Tribüne her. „Wo ist er?“ – „Dort springt er! Eben fällt er um!“ – „Nein, er verschwindet in der Wildnis!“ – „Sicher ist er krank!“ – So schwirren die „sachverständigen“ Kommentare durcheinander. Und ich würde am liebsten dazu heulen. Dabei hätte ich dankbar für diesen Fehlschuß sein sollen, denn so wurde dieser alte Bock noch zu einem Erlebnis.

Als ich aus meiner Deckung hervortrete, sehe ich Martin und den Oberförster feuerbereit entlang der Wildnis schleichen. Die „Wildnis“ ist eine große Böschung, wild verwachsen mit Gestrüpp, Bäumen, Hecken, Brombeeren, Brennesseln und fast undurchdringlich. „Gebt Euch keine Mühe, der ist gesünder als ihr!“ rufe ich den beiden zu, die da durchs Gras pirschen, als seien sie auf dem Kriegspfad. Eigentlich fehlt nur noch das aufgepflanzte Bajonett.

Wie um meine Worte zu bestätigen, kommt in diesem Augenblick der Bock flüchtig aus der Wirrnis von Stengeln, Ranken, Blättern und Dornen. Knapp hundert Meter neben mir, mitten in der großen Viehweide, verhofft er und äugt nach meinen beiden Hilfsjägern zurück. Eigentlich könnte ich jetzt ruhig noch einmal draufhalten, denn vor mir steht ein Weidepfahl wie zum Auflegen dahingestellt. Doch erstens ist genau dahinter ein Gehöft, und zweitens würde ich jetzt nicht mehr schießen, selbst wenn der Bock mich umrennen würde. Dazu sitzt die Depression zu tief. Einmal nur schreckt der Bock tief und rauh, dann ist er fort.

Der Oberförster sieht mir an, wie geknickt ich bin, und erspart sich sämtliche von mir schon erwartete Bemerkungen. Dankbar vermerke ich, daß er sogar zu einem Trost ansetzt: „Nimm's nicht so tragisch! Das ist doch jedem schon mal passiert!“ Martin dagegen grinst über das ganze Gesicht, und als ich ihn ermahne, er solle sich nicht in die Ohren beißen, da platzt er schallend heraus: „Muß der Bock eine Freude haben, daß er auf seine alten Tage noch zweimal vorbeigeschossen wurde!" Er kann sich gar nicht beruhigen und gibt seiner Freude immer wieder neuen Ausdruck. Außerdem behauptet er, daß meine neuen, leichten Sandalen an dem Fehlschuß schuld seien. „Mit Kapuzinerschlappen kann doch kein vernünftiger Mensch auf die Jagd gehen", sagt er, und damit hat er noch nicht einmal unrecht. Dabei weiß ich genau, daß er mir den Bock von ganzem Herzen gönnt. Aber so ist er nun mal.

Bei mir selbst aber steht fest, daß meine Jägerehre erst dann wieder hergestellt ist, wenn dieser Bock auf seiner fahlen Decke liegt. Und so wie ich mich kenne, weiß ich: Von dieser Fährte bringen mich jetzt keine zehn Pferde mehr herunter.

Als am nächsten Morgen der erste Rauch aus dem Schornstein des einzelnen Hofes in den Himmel steigt, da habe ich schon zwei Stunden vergeblichen Ansitzes hinter mir. Eine Ricke mit einem Kitz war alles, was ich gesehen hatte. Doch das hatte ich nicht anders erwartet.

Jeden Morgen und Abend bin ich draußen, aber der Bock bleibt drei Tage lang unsichtbar. Erst am vierten Morgen, bei allererstem fahlem Frühlicht, da steht ein einzelnes Stück Rehwild zwischen der Straße und der Wildnis. Als ich den Wagen achtzig Schritte daneben anhalte, wirft es auf, bleibt aber ruhig stehen. Der Figur nach müßte er es sein. Doch ein Gehörn ist noch nicht zu erkennen. Zehn Minuten lang steht er unbeweglich neben dem einzelnen Erlenbusch. Dann weiß ich, er ist es. Das Fenster habe ich leise heruntergekurbelt. Vom Auto aus wäre er ohne weiteres zu erlegen, denn die Straße mit ihren Fahrzeugen ist ihm bekannt und vertraut. Doch diese Versuchung gewinnt keinen Raum. Wäre das ehrliches Waidwerk? Schließlich möchte ich doch meine Freude haben, wenn ich mal die schmucklosen Spieße an meiner Wand betrachte. Ich erwäge, ob ich in der immer noch anhaltenden Dämmerung lautlos aus dem Wagen komme. Doch das leise Knacken des Schlosses genügt schon, daß er wie ein Schatten verschwindet. Am Abend und am nächsten Tag ist er wieder unsichtbar. Ich umschlage seinen vermuteten Einstand in großem Bogen, bekomme auch mehrmals Rehwild in Anblick. Doch der Bock ist nicht dabei.

Am sechsten Tag nach dem Fehlschuß, es ist ein Sonnabend, kommt mir der Zufall zu Hilfe. Nach langem Suchen und Ausprobieren habe ich einen Platz gefunden, von dem aus ich die Wildnis samt der davorliegenden Wiese als auch die dahinterliegenden Getreidefelder überblicken kann. Innerhalb dieses Gebietes muß ich ihn ja mal entdecken. An diesem Platz steht ein alter, etwas höherer Kirschbaum in einer kleinen Baumreihe am Rand des Haferschlages, in dem der Bock sich bei unserem Zusammentreffen niedergetan hatte. In diesen Baum will ich meine Leiter stellen, und dann muß ich mir nur noch freien Ausblick nach allen Seiten schaffen. Einen Pfad, auf dem ich von der Straße lautlos dorthin kommen kann, habe ich bereits gesucht und gefunden.

Meine zerlegbare Ansitzleiter liegt hinten im Wagen, als ich am späten Nachmittag an dem einzelnen Hof vom Wald her ankomme. Noch bevor ich das Fahrzeug verlassen habe, fängt mein Blick eine Bewegung dort droben im Hafer. Da treibt doch ein Bock eine Ricke, und das Kitz ist auch noch dabei. Sollte er das sein? Glas vor die Augen! Natürlich ist er es! Alter schützt vor Torheit nicht. Und nach der Heftigkeit seiner Bemühungen zu schließen, scheint er ernste Absichten zu haben.

Jetzt aber los! Doch halt, der Wind steht miserabel von dieser Seite aus. Es sei denn, ich käme weit genug links an dem Rehwild vorbei und könnte dann von oben Einblick bekommen. Ein großes Obstbaumstück könnte dieses Vorhaben begünstigen. Fast bin ich schon auf gleicher Höhe mit dem im Getreide hin- und herfegenden Paar und kann sie durch das Blattwerk hindurch auf knapp zweihundert Meter ansprechen. Nur der Wind, und da ist es auch schon geschehen. Das wilde Treiben ist urplötzlich verschwunden, ohne daß die Rehe über die Höhe oder nach hinten aus dem Hafer gezogen wären. Also haben sie trotz besinnungsraubenden Minnespiels meine Witterung in den Windfang bekommen und sich in den Halmen gedrückt. Das ist aber auch zugleich meine Chance. Mit großen Sprüngen laufe ich zurück, renne parallel zur Straße um die Wildnis herum und komme japsend von der anderen Seite an die Baumreihe mit dem ausgesuchten Kirschbaum. In dem steht jetzt zwar nicht meine Ansitzleiter, denn die liegt noch hinten im Auto. Dafür aber steht in dem Baum vom Kirschenpflücken her eine himmelhohe Obstleiter, und die kommt mir jetzt wie gerufen. Nur leise muß alles gehen, sehr, sehr leise. Der Wind spielt von hier aus keine Rolle mehr.

Erst lasse ich Atem und Herz ein wenig zur Ruhe kommen, dann schiebe ich mich behutsam zwischen Blattwerk und Halmen in der

Ackerfurche an den ersten Bäumen entlang. Zwischen den Stämmen stehen Büsche, tiefhängende Äste und Stammausschläge behindern mich. Kein Rauschen oder lautes Anstreichen darf mich verraten. Endlich bin ich an der Leiter. Die steht aber verdammt steil! Doch daran ist nichts zu ändern. Vorsichtig, Gesicht zum Acker, Rücken zur Leiter, Drilling um den Hals, ziehe ich mich Sprosse um Sprosse höher. Die Rehe können ja ganz in meiner Nähe sitzen. Mit jedem Tritt hinauf, wird mein Einblick in die Halme besser. Jedoch kein Haar ist zu entdecken. Unter einem stärkeren Ast muß ich mich noch hindurchwinden, dann hat die Leiter keine Auflage mehr, und ich schaukele frei zwischen den obersten Zweigen im leisen Wind, der die Blätter bewegt. Jetzt heißt es: „Augen auf" und abwarten!
Nach zwanzig Minuten beginne ich daran zu zweifeln, daß noch Wild in meiner Nähe ist. Aber fünf Minuten später entdecke ich Ricke und Kitz, die sich in der linken, oberen Ecke des Schlages nach dem großen Obstbaumstück zu vorsichtig hinwegstehlen. Der Bock ist mit Sicherheit nicht dabei. Weitere zehn Minuten später sehe ich mitten im Schlag ein Paar Lauscher und ein dickes massiges Rehhaupt mit zwei dünnen Spießen. Mißtrauisch und zugleich mit einem unverschämt schlauen Gesichtsausdruck prüft er die Umgebung. Es scheint, als grinst er spöttisch vor sich hin. Na warte! – Dann versinkt er wieder im Hafer und bleibt verschwunden. Machte er nicht ein Gesicht wie Martin, als ich vorbeigeschossen hatte?
Doch jetzt weiß ich wenigstens, daß ich nicht umsonst hier oben im Wind schaukele. Trotzdem wird die Lage unangenehm. Ich kann weder richtig stehen noch sitzen und balanciere ständig in dem vom Wind bewegten Wipfel. Ruhig schießen kann ich hier ganz oben sowieso nicht. Man kann sich ja schließlich nicht zur gleichen Zeit festhalten und auch noch zielen. Außerdem schneiden die dünnen Leitersprossen mit der Zeit schmerzhaft in die Sohlen. – Natürlich habe ich die Sandalen an. Wie könnte ich Martin sonst beweisen, daß er nicht recht hat? – Doch wenn es sein muß, kann ich recht geduldig sein. Nach einer weiteren knappen halben Stunde bemerke ich eine Bewegung im Halmenmeer. Mit tiefem Haupt zieht der Bock langsam durch die halbreifen Ähren. Er hebt erst das Haupt und sichert, als er vierzig Schritt neben mir, fünf Meter vor dem Rand der Böschung, anhält. Das ist haargenau der Platz, an dem er sechs Tage vorher vor meinem Schreckschuß

im Bett saß. Dort tut er sich nieder. Und da weiß ich, wie es weitergehen wird.
Zentimeterweise taste ich mich nach unten, unter dem Ast hindurch, ohne daß der Drilling anstößt, bis ich den richtigen Platz drei Meter tiefer gefunden habe. Dort wirkt sich der Wind kaum noch aus, und ich kann das linke Bein über einen Seitenast schlagen, so daß ich zu gleicher Zeit Halt und Stütze habe. Dann dauert es nur noch knapp zehn Minuten, bis der Bock auf den Läufen ist und an genau demselben Rainfarnbusch wie damals anfängt zu schlagen. Nur sitze ich heute auf der anderen Seite, die Straße ist menschenleer, und kein Laut ist in der Nähe zu vernehmen. Der Drilling ist entsichert und steht auf dem kurzen, breiten Hals des Bockes.
Eine unwahrscheinliche Ausdauer legt er beim Befegen der Stengel an den Tag. Doch jetzt macht er einen Schritt nach vorne, und das Blatt wird frei. Da ist der Schuß heraus, und der Bock liegt in der Furche und schlegelt. Der Rainfarn wird noch einmal heftig geschüttelt, dann ist Stille.
Am Zaun des Gasthauses sehe ich ein helles Gesicht auftauchen und angestrengt herüberspähen. Als der Wirt nichts wahrnimmt, legt er die Hände über die Einzäunung und wartet. Auch ich warte noch. Plötzlich vernehme ich das Rauschen des Windes wieder, höre das Schimpfen der Amsel und sehe, daß die Sonne inzwischen tief gesunken ist. In mir ist nur Freude und ausnahmsweise keinerlei Mitleid. Als ich mit entblößtem Kopf bei ihm niederknie, da schaue ich in seinen Äser und stelle fest, daß der Unterkiefer völlig abgeschliffen ist, die Prämolaren im Oberkiefer restlos ausgefallen sind. Der Bock ist so alt, daß sein natürliches Ende nicht mehr allzuweit entfernt sein konnte. Insofern also hatte Martin recht. Mit den Sandalen allerdings war er auf dem Holzweg gewesen. Und das bekam er beim Tottrinken von mir noch so oft zu hören, wie er mir seine ungebrochene Freude über meinen Fehlschuß offenbarte.

Der Starke

Der Hirsch des kleinen Mannes ist der Rehbock. Und der ist keineswegs Ersatz. Man muß von Zeit zu Zeit mal wieder Friedrich von Gagerns „Birschen und Böcke" lesen, um sich dieser Tatsache voll bewußt zu werden. Überhaupt kann man Gagern genau wie Löns nicht oft genug lesen.

Wieviele Rehbocksgehörne, Rehkronen, oder biologisch richtig „Geweihe", hatte ich als Beurteiler schon in der Hand! Tausende mögen es inzwischen sein. Außer vielen Knopfböcken waren sich sonst noch nicht zwei völlig gleich. Die Formenvielfalt ist phantastisch und immer wieder interessant. Und auch die Faszination des kapitalen Urgehörns bleibt, wie bei zwei deutschen – und zwei Weltjagdausstellungen besonders eindrucksvoll erlebt. Wer möchte nicht so etwas an der Wand haben?

Wie oft habe ich schon gegen den Trophäenkult gewettert! Doch wer von uns Jägern ist ganz frei davon?

Nun habe ich ja schon eine ganze Reihe Abnormer an der Wand, auf die ich schon ein wenig stolz bin. Der interessanteste wurde mir bei einer Werbeausstellung gestohlen, und seinen Verlust habe ich bis heute noch nicht verschmerzt. Aber die wirklich Starken sind seltener als die Abnormen. Mit dem Wort „kapital" gehe ich sparsam um, denn der Begriff ist relativ und zu sehr abhängig vom Wuchsgebiet. Trotzdem gibt es diese Ausnahme überall einmal, und auch hier im Odenwald wurden schon Böcke mit über fünfhundert Gramm Gehörngewicht erlegt. Einer meiner Jagdfreunde streckte nur zehn Kilometer von meiner Wohnung entfernt einen Bock, der auf der Weltjagdausstellung in Bulgarien mit über 141 Punkten an fünfter Stelle der bundesdeutschen Rehböcke stand.

Nun, so unbescheiden war ich noch nie. Wer aber schon einige Jahre hindurch sich redlich bemühte, nur Wild zu erlegen, das schwach, krank oder zumindest kümmernd war und dafür alle gutentwickelten und starken Stücke wie seinen Augapfel schützt und behütet, der möchte doch irgendwann auch mal einen guten Erntebock erlegen. Daß Enthaltsamkeit heute eines der hervorstechendsten Merkmale des

Hegers sein muß, ist in der Öffentlichkeit leider nur zu wenig bekannt. Über Sinn oder Unsinn, Erfolg oder Mißerfolg der sowieso nur halbherzig konsequent jahrelang durchgeführten „Hege mit der Büchse“ und des „Wahlabschusses“ möchte ich mich hier nicht auslassen. Bedenklich wird es für mich dort, wo das „Hegeziel“ mit einem besonders konstruierten Gehörn versehen sein muß. Wo in der Natur steht geschrieben, daß das Rehbocksgeweih gut vereckt und das Hirschgeweih Kronen haben muß?

Eine Regel aller Hege jedoch ist unumstritten: Die Äsung ist eine wichtige Voraussetzung für starkes Wild und damit auch starke Trophäen. Immer dann, wenn im Herbst eine Buchen- oder Eichenmast, oder besser noch beides zusammen, dem Wild genügend Nährstoffe bietet, dann haben wir auch ein gutes Trophäenjahr.

Demzufolge war auch diesmal vorauszusehen, daß im kommenden Jagdjahr gute Böcke zu erwarten waren. Das war schon im Bast zu erkennen, obwohl ich auf das „Prahlen“ der Bastgehörne nicht mehr hereinfiel. Und einen Guten, auf den ich bis dahin freiwillig verzichtet hatte, bekam ich auch ohne Einwand frei.

Zu der Streitfrage, ob der Erntebock erst nach der Brunft erlegt werden darf, möchte ich nur soviel sagen: Ist es ein echter „Erntebock“, dann muß er auch so alt sein, daß er sich bereits mehrfach vererbt hat. Damit könnte er ebensogut auch schon im Mai erlegt werden. Demgegenüber sieht es aber nach Schußgier aus, wenn der Jäger nicht bis zur Brunft warten kann.

Ich hatte mich für „meinen Bock“ schon frühzeitig entschieden. Er stand am Neunkircher Berg und war mir seit über drei Jahren bekannt. Ihm zuliebe hatte ich schon im Vorjahr ein kleines Ansitzleiterchen in einen in einer Buschreihe wachsenden Apfelbaum gestellt. Die Gewohnheiten des Bockes kannte ich gut. Jung war er bestimmt nicht mehr, stark im Gebäude mit zwei enggestellten starken Stangen ohne lange Vereckung. Im Vorjahr hatte er zurückgesetzt, und seine Rücksprossen waren nur mehr angedeutet. Auch jetzt waren sie nur wenig mehr als zwei Zentimeter lang. Aber insgesamt hatte er wieder „aufgestockt“. Auf sein Alter deutete vor allem die Einschnürung der Stangen zwischen Rosen und Vordersprossen hin. Im übrigen wußte ich schon früh, daß man nach der Trophäe kaum auf das Alter schließen kann. Dachrosen sind genau so unzuverlässig wie Knuffigkeit, Perlung oder

Höhe. Am ehesten noch mochte die Einschnürung ein Kriterium sein. Jedenfalls hatte ich mir diesen Bock auserwählt, aber erlegt werden sollte er erst während oder nach der Brunft. Ich war mir sicher, daß es keine Schwierigkeiten geben würde, zumal er auch früher im Revier geblieben war.

Den Frühsommer über hatte ich meine liebe Not mit dem Scheidkopfbock, der erst nach wochenlangem Bemühen zur Strecke kam. Aber schon vor Aufgang der Bockjagd hatte mir der alte, pensionierte und sonst jagdlich nicht besonders interessierte Förster Allmann gesagt, er habe an der Krammetswiese einen Bock gesehen, so gut, wie ihm noch selten einer begegnet sei.

Als ich am Sonntagvormittag von der Dorfstraße aus am Gegenhang einen Bock mit einer Ricke im Klee stehen sah, da wußte ich, das muß er sein. Bis zur Krammetswiese war es zwar ein ziemlicher Weg, und dazwischen lag das Territorium meines Auserwählten, aber auch Herrschaftsgrenzen können ja, je nach den Kräfteverhältnissen, so gut wechseln wie Staats- oder Landesgrenzen. Über den Anblick freute ich mich natürlich, aber an mehr dachte ich nicht. Den Bock sah ich noch zweimal in der Nähe des Waldstücks „Heilige Buche", aber immer nur zufällig und auf größere Entfernung. Genaues Ansprechen war so nicht möglich, und die Hauptsache war, er stand noch im Revier.

Der Starke geriet auch wieder etwas in Vergessenheit, als ich an einem Abend von meinem Apfelbaumleiterchen aus beobachtete, daß mein Erntebock an seinem Standort einen Nebenbuhler, einen offensichtlich jüngeren Bock, bekommen hatte. Dieser war von der Gestalt her erheblich schwächer, trug ein schlecht verecktes Sechsergehörn mit einer extrem nach außen abgebogenen rechten Stange und scheute sich nicht, dem langjährigen Gebietsinhaber den großen Kleeschlag streitig zu machen. Dabei war ich ganz sicher, daß er wesentlich jünger als mein Wunschbock war.

In der gängigen Jagdliteratur wird meist berichtet, daß der ältere Bock automatisch die Vorrechte vor dem jüngeren hat. Daß diese Regel eine beträchtliche Anzahl von Ausnahmen aufweist, hat sie mit den meisten anderen alten Jägerweisheiten gemeinsam, seien es der Zeitpunkt des Verfärbens, die Zeit des Gehörnabwerfens, die Häufigkeit des Schrekkens, die Tiefe der Stimme sowie das Verhalten zu den Artgenossen allgemein. Je älter ich werde, desto mehr Schwierigkeiten bekomme ich,

Oben: Rehkitz, das Anmutigste was die Wildbahn bietet ▶
Unten: Die immer wachsame Rehmutter

wenn ich Jungjägern ohne schlechtes Gewissen grundlegend gültige Ansprechregeln vermitteln soll. Meist wird vergessen, daß es bei unserem Wild genau so verschiedene Charaktere gibt, wie dies auch bei uns Menschen der Fall ist. Wer in seinem Leben viele Böcke über längere Zeiträume hinweg beobachtet hat, der kennt den Ausgeglichenen genau so wie den Choleriker, den Trägen wie den Lebhaften, den Friedlichen wie den Bösartigen, den Vorsichtigen wie den Vertrauten, den Mürrischen wie den Verspielten, und so könnte ich weiter aufzählen. Natürlich gibt es daneben allgemeingültige Verhaltensweisen, aber zur Altersansprache sind nur wenige geeignet.

Jedenfalls war ich damals nicht wenig überrascht, als der junge Bock im Stechschritt auf den alten zuzog, der ihn anfangs ignorierte, dann aber nicht umhin konnte, ebenfalls die Lauscher zurückzulegen und Drohgebärde anzunehmen. Es gab keinen Kampf auf Leben und Tod, wie ich ihn zweimal bei Rehböcken erlebte. Mehfaches Scharren, Stechschritt und Senken des Hauptes, das war alles, wobei der junge der aktivere war. Der Alte machte den Eindruck, als wolle er sich zwar keine Blöße geben, dächte aber doch: „Der Klügere gibt nach!“ Und so räumte er auch ohne Eile und Flucht das Feld – aber er räumte, obwohl er viel stärker aussah als der Neue.

Meine Befürchtung, daß er seinen langjährigen Einstand verlegen könne, erwieß sich als richtig. Ob dieser Entschluß eine Folge seiner Altersweisheit oder das Ergebnis einer handfesten Rauferei war, entzieht sich meiner Kenntnis. Jedenfalls war er am alten Standort verschwunden, und es dauerte über eine Woche, bis ich feststellen konnte, daß er einen guten Kilometer talaufwärts auf der anderen Straßenseite zusammen mit einer Ricke zum Äsen austrat. Vielleicht war er auch der Ricke zuliebe in eine von keinem gleichwertigen Bock besetzte Nische ausgewichen. Aber wieder stand er in der Nähe des Dorfes. Wie gut er mit den Gewohnheiten der Dorfbewohner und ihrer Einschätzung, ob harmlos oder gefährlich, vertraut war, das konnte ich im Laufe des Beobachtungszeitraumes oftmals feststellen. Mir schien es fast, als gäbe es bei ihm sogar eine Art Mienenspiel, wie er die jeweilige Situation begutachtete. Einmal, als er hinter der Heckenreihe, zehn Meter neben meinem Sitz stehend, auf kurze Entfernung die Unterhaltung zweier Bauern über den Wildschaden auf dem unter uns liegenden Acker mitanhörte, da schien es beinahe, als zeige er ein spöttisches Grinsen.

Natürlich mochte auch die Brunft, die inzwischen eingesetzt hatte, ihren Teil zum Stellungswechsel beigetragen haben. Ich begnügte mich vorerst damit, ihn aus der Ferne mehrfach zu bestätigen.
Als die Brunft dann ihren Höhepunkt erreichte, wechselte er auf die alte Straßenseite zurück und kam damit seinem alten Einstand wieder näher, allerdings noch getrennt davon durch ein bis in Dorfnähe vorspringendes Waldstück.
In den Waldrand dieses Waldteiles baute ich mir dann am Samstagnachmittag einen kleinen, gut versteckten Schirm, von dem aus ich seinen neuen Äsungsplatz gut übersehen konnte. Wie gut versteckt mein Schirmchen stand, konnte ich am folgenden frühen Sonntag feststellen: Aus dem nächsten, nur etwa zweihundert Meter entfernten Haus drang der Lärm eines heftigen Hausstreites bis zu mir herauf, und gleich darauf verließ eine Frau in schneller Gangart das Haus, um auf dem nur knapp zwei Schritte an meinem Schirm vorbeiführenden Waldweg, ohne mich zu bemerken, lautstark und erbost heftige Drohungen, Verwünschungen und Beschimpfungen ausstoßend, an mir vorbeizulaufen. Der Hausstreit war mir zwar egal, aber Wild trat an diesem Morgen keines mehr aus.
Inzwischen hatte ich beschlossen, die nächste Gelegenheit zur Erlegung des Alten zu nutzen. Aber so einfach war's auf einmal gar nicht mehr. Entweder er trat ganz oben aus, oder er kam erst bei Dunkelheit. Immer kam etwas dazwischen, auch bedingt durch die Nähe der Siedlung und die damit verbundenen häufigen Störungen.
Mit dem Bauern des damals letzten, oberen Hofes hatte ich mich schon oft über den Bock unterhalten. Er war sehr interessiert an Jagd und Wild, sein Ältester hatte früher oft bei Revierarbeiten geholfen, und er verfolgte aufmerksam meine Bemühungen.
Als ich am 8. August gegen Abend meinem Schirm zustrebte, da hatte er mir aus der Entfernung grüßend zugerufen, und ich wußte, daß er nun, sobald er im Stall mit der Arbeit fertig war, am hinteren Fenster beobachten würde, ob ich dieses Mal Erfolg haben würde.
Unsere Geduld wurde wieder auf die Probe gestellt, doch sie war nicht vergeblich. Noch zeigen sich die Wiese im saftigen Grün und die spätsommerlichen Blüten in voller Farbenpracht, da tritt auf nur hundert Meter Entfernung die starke Ricke mit den beiden guten Kitzen aus. Langsam äsen sie sich auf die tiefer liegenden Höfe zu. Kurze Zeit spä-

ter erscheint weiter hinten die alte Ricke mit dem schwachen Kitz. Die beiden müssen für den Herbst vorgemerkt werden. Ganz hinten, am oberen Waldrand, ist noch ein roter Fleck, vermutlich ein Schmalreh oder ein Bock. Doch wo bleibt der Alte?

Allmählich verblassen die Farben, die langen Schatten sind verschwunden, Mönchsgrasmücke und Zilpzalp verstummt. Nur das Rotkehlchen und eine zeternde Amsel lassen sich noch vernehmen. Da sind plötzlich flüchtige Schalen in der trockenen Laubstreu zu hören, gleich darauf das Keuchen des treibenden Bockes. Gar nicht weit von mir sehe ich zwischen den Stämmen zwei rote Wildkörper auftauchen und wieder verschwinden. Das muß er gewesen sein! Und kurz danach erscheint auf dem gleichen Wechsel wie die Ricke mit den beiden Kitzen ein Schmalreh, das sich sofort auf die saftige Grünäsung stürzt.

Hinter ihm erscheint der Bock, äugt erst mißtrauisch in die Runde, zupft dann mehr aus Gewohnheit ein paar Hälmchen ab und nähert sich dann dem Schmalreh. Doch bei dem scheint vorerst der Hunger zu überwiegen. Es macht ein paar Fluchten in Richtung der beiden Kitze und äst eifrig weiter. Auch der Bock senkt jetzt das Haupt und beginnt zu äsen. Schon habe ich den Drilling auf dem zu meiner Deckung gehörenden Querast aufgelegt, aber der Paarungstrieb des Bockes ist stärker als der Hunger. Erneut beginnt er das Schmalreh zu treiben. Das eine Kitz hopst anscheinend fröhlich neben dem Schmalreh her. Dann schaut es neugierig zu, wie das Schmalreh bereitwillig stehenbleibt und sich von dem Bock beschlagen läßt. Und nicht genug damit: Das gleiche wiederholt sich noch ein zweites und ein drittes Mal. Dann tut sich der Bock erschöpft nieder. So sicher fühlt er sich zwischen den vier Stücken, die für ihn aufpassen, daß er mit halbgeschlossenen Lichtern vor sich hin döst. Doch jetzt ist es das Schmalreh, das ihn lockt. Mit gespreiztem Spiegel und vorgestrecktem Hals nähert es sich dem Bock, macht eine Scheinflucht und bleibt gleich wieder stehen. Schon beinahe widerwillig erhebt er sich und beschlägt es ein viertes Mal. Als er danach mit gesenktem Haupt, offenem Äser und hängenden Lauschern alleine breit steht, bricht mein Schuß. Drei, vier müde, holprige Fluchten macht er noch, dann versinkt um ihn die Welt.

Aufatmend setzte ich den Drilling ab, greife hastig zur Beruhigungszigarette, um das Jagdfieber abklingen zu lassen. Doch dieses Mal komme ich nicht zur besinnlichen Totenwache, denn der Bock liegt noch keine drei Minuten, das andere Wild steht noch verdutzt, erschrocken und abwartend in seiner Nähe, da kommt der Bauer um das Haus herum. Wie ein Junger rennt er die Wiese herauf. Wäre ich nicht ebenfalls aufgesprungen, er wäre noch vor mir an meinem Bock gewesen. Er kennt zwar nicht unser Brauchtum und das „Waidmannsheil" als Glückwunsch, aber er freut sich ganz einfach mit. „Na, liegt er endlich?" ruft er mir zu, als wir vor dem Bock stehen. Ein wenig wehmütig knie ich bei ihm nieder. Es ist schon nicht dasselbe, ob ich ein Stück Wild erlege, das ich zum ersten Male sehe, oder ob es sich um einen alten Bekannten handelt, zu dem man schon lange ein ganz persönliches Verhältnis hat. Ein wenig abgebrunftet ist er zwar schon, aber immer noch ein Klotz von einem Bock.

Mit einem geschätzten Alter von acht Jahren hatte ich ihn gemeldet. Mit acht bis zehn Jahren stufte ihn die Beurteilungskommission später ein. Bleibt nur noch nachzutragen, daß derjenige, der ihn aus seinem Einstand vertrieb, einige Wochen später von einem Jagdgast als Vierjähriger auf seine hellrote Decke gelegt wurde.

Doch mit dem Tod meines Erntebockes beginnt erst die Geschichte des Starken. Zum Verständnis muß ich zwei Erklärungen vorausschicken: In Hessen galt damals die Klassifizierung des männlichen Rehwildes in A-, B- und C-Böcke. A entspricht dem Hegeziel, B ist abschußnotwendig und C bedeutet Zukunftsbock.

Zweitens bestand und besteht mein Freundeskreis zu einem hohen Anteil aus Forstbeamten. Gemeinsam mit drei Förstern des engeren Bekanntenkreises hatten wir beschlossen, daß jeder den Bock, den er zu erlegen gedenkt, vorher ansagt. Und zwar nach Alter, Körpergewicht und Höhe der Trophäe, eine gute Ansprechübung, die nicht nur Jungjägern zur Nachahmung empfohlen werden kann und zum genauen Beobachten zwingt.

Nun, ich konnte mit meiner Vorhersage sehr zufrieden sein, und der Bock war noch älter, als von mir geschätzt.

Das erkannten meine drei Freunde am nächsten Tag auch vorbehaltlos an. Nur in einem Punkt waren sie geschlossen anderer Meinung: Ein so alter und im Gehörn so eng gestellter Bock entspricht nicht mehr dem Hegeziel, ist also kein A-Bock. Diese Ansicht weckte natürlich meinen Widerspruchsgeist und riß mich zur Behauptung hin: „Wenn ich wollte, könnte ich Euch einen A-Bock bringen, wie Ihr keinen im Re-

vier habt." Daraufhin Proteste von allen dreien, halb im Scherz, halb im Ernst gemeint. Je länger die Diskussion, desto stärker erhärtete sich mein Entschluß: „Denen werde ich es zeigen! Mal sehen, was sie zu dem Starken sagen!"
Ich war und bin mir natürlich im klaren, daß dieses Vorhaben mit sinnvoller Hege nichts zu tun hat. Aber der menschliche Dickkopf ist nun mal eine Realität, die schon zu viel schwerwiegenderen Fehlentscheidungen geführt hat, als es die Erlegung eines Rehbockes darstellt.
Der Erntebock wurde also ohne Beanstandung als B-Bock gemeldet, und ich jagte auf den Starken. Doch als A-Bock mußte er mindestens vier Jahre alt sein. War er dies überhaupt? Gesehen hatte ich ihn schon seit Wochen nicht mehr.
Jedenfalls bezog ich bei meinen nächsten Reviergängen ein kleines Leiterchen zwischen Beerling und Heiliger Buche, das seinen Namen „Baronshochsitz" einer lustigen Begebenheit verdankte.
Die von mir erstellten Hochsitze waren bekannt für ihre Zweckmäßigkeit und Originalität. Vor allem mußten sie leicht und schnell umzustellen sein, ohne daß deswegen Bäume vernagelt zu werden brauchten. Und so hatte ich eine leichte Leiter konstruiert, die an ihrem oberen Ende mit einem nicht mehr benötigten Kinderstuhl mit dreiseitiger Lehne verbunden war, der durch zwei Flügelschrauben an schwenkbaren Holmen schnell am Baum befestigt und wieder gelöst werden konnte. Mit meiner Figur konnte ich darauf ganz bequem sitzen.
Anläßlich einer kleinen herbstlichen Drückjagd mit wenigen Teilnehmern kamen wir an dem an einer Buche stehenden Sitz vorbei. Dabei wurde meine Erfindung nicht nur bewundert, sondern mit allen möglichen und unmöglichen Prädikaten bedacht. Der Vorschlag zur Patentanmeldung mit zugehörigem Schuhlöffel zum sicheren Hineinsetzen war noch die harmloseste Version. Besonders tat sich dabei mein Freund Eugen hervor, dem ich im übrigen mein Lebtag dankbar bin, daß ich seit Verlust meines Revieres schon viele Jahre in seinen beiden wunderschönen Nachbarjagden waidwerken kann. Nun brachte Eugen, der nicht ohne Beziehung und mit entsprechenden Äußerungen auf seine Abstammung vom Ritter Götz von Berlichingen hinweisen kann, damals gute 260 Pfund auf die Waage. Da seine lästerhaften Anspielungen gar kein Ende nehmen wollten, machte ich ihm den Vorschlag, doch mal den Sitz zu besteigen. Meiner Sache sicher, daß dies

bei seiner Körperfülle unmöglich sei, setzte ich als Preis für das Gelingen noch eine Flasche Kognak aus. Doch Eugen bekam seinen wildentschlossenen Zug um den Mund, enterte die sich biegende Leiter empor, und als wir gespannt auf seine Umkehr warteten, da begann er oben mit einer einmaligen Entkleidungsszene. Erst kamen Schal und Mantel herunter. Dann folgten der Jagdrock und die Joppe. Und als er immer noch zu umfangreich erschien, da folgte die Hose nach. In der Unterhose gelang ihm dann unter viel Verrenkungen und einigen Verklemmungen, was keiner für möglich gehalten hatte, wobei ich allerdings um meine Stuhllehne bangte. Aber sie hielt den Druck aus, und die Flasche Schnaps war fällig.

Von diesem Sitz aus hoffte ich, den Bock irgendwann mal zu entdekken. Aber vorerst war alles Lauern vergeblich. Während der Brunft hatte ich noch einige gute Böcke bestätigen können, von denen der unterhalb des Baulochs dem Starken kaum nachstand, ihn an Stangenhöhe sogar noch deutlich übertraf.

Ein Zufall kam mir schließlich zu Hilfe. Noch ziemlich früh am Nachmittag pürschte ich von der Straße aus zum Beerling hoch. Zwischen der Heiligen Buche und den darunter liegenden Obstgärten liegt eine schmale Wiese, in deren hinterer Hälfte alte Apfelbäume stehen. Zwischen und neben den Apfelbäumen ästen auf knappe hundert Meter fünf Stück Rehwild, und darunter stand ein Bock. Sie hatten mich zwar schon spitz und sprangen sofort ab, aber das mußte der Starke gewesen sein. Jetzt hatte ich wenigstens einen Anhaltspunkt, wo er zu suchen war. Von einem alten Hochsitz in der Waldecke hinter den Obstbäumen konnte ich ihn am nächsten Abend auf die Wiese austreten sehen, doch die Baumkronen verdeckten die Sicht so, daß genaues Ansprechen nicht möglich war. In der Dunkelheit schlich ich leise an den Obstgrundstücken entlang zur Straße zurück.

Mir wurde klar, ich mußte näher heran. Und da ich schon immer gerne auf Bäumen herumkletterte, saß ich am nächsten Abend in der Krone des der Wiesenmitte nächsten Apfelbaums. Im hohen Gras unter dem Baum lag auf einem Rucksack und an diesen angeleint mein damals noch junger Kleiner Münsterländer „Falk“, aus dem mal ein hervorragender Jagdhund werden sollte. Der Wind stand gut, und Falk hatte bereits gelernt, auch beim Anblick von Wild reglos liegen zu bleiben. Es wurde dunkel und dunkler, doch kein Stück Wild trat aus. Lediglich ein junger Hase, noch kaum ein Dreiläufer, suchte vierzig Gänge vor dem Baum im Gras den Löwenzahn heraus. Falk hatte ihn natürlich in der Nase. Er zitterte zwar zuerst, blieb aber bewegungslos liegen. Dann, als nur noch geringe Helligkeit letzte Möglichkeit zum Ansprechen erlaubte, stand auf einmal ein Reh am Rande der Wiese. Schnell zog es zur Mitte und dann langsam in Richtung einer kleinen Ecke Klee am vorne vorbeiführenden Weg. Hinterher kam ein zweites Stück. Das war der Bock, und er äste langsam auf mich zu. Doch nur so viel konnte ich noch erkennen, daß er dicke, massige Stangen zwischen den Lauschern trug. Näher und näher kam er. An den Hasen hatte ich gar nicht mehr gedacht. Als der Bock ihm nun ohne Absicht auf den Balg rückte, da hoppelte er sachte weg und gerade auf den Hund los. Ich hielt den Atem an. Doch es kam, wie es kommen mußte. Der kleine Mümmelmann war drauf und dran, meinen Falk über den Haufen zu rennen. Auf einen guten Meter vor ihm verhielt er und machte einen Kegel. Da flog dem Hund natürlich die Sicherung heraus, und mit einem Sprung stürzte er vor. Wäre er nicht so kurz am Rucksack fest gewesen, hätte es wohl das vorzeitige Ende des Junghasen bedeutet. Hinter dem Hasen her holperte und polterte der Rucksack dem laut hetzenden Falk nach. Auf mein gebrülltes „Down" hin ging der Hund zwar wieder zu Boden, doch der Bock war entsetzt ins Holz geflüchtet. Dort schreckte er mehrfach mit einer kräftigen, tiefen Stimme, die von dem noch lange vernehmbaren erbosten Schmälen der Ricke übertönt wurde. So, der war nun wohl gründlich vergrämt! Ich blieb ein paar Tage zu Hause. Es gibt ja schließlich noch andere Pflichten als Jagd und Rehböcke.

Am 31. August zog es mich schon am frühen Nachmittag ins Revier. Dieses Mal wollte ich auf dem Sitzstock in der Nähe des Kleeflecks am Waldrand ansitzen, sofern der Wind mitspielte. Doch es kam anders. Obwohl erst gegen 16 Uhr, schleiche ich sehr vorsichtig den Weg vorne am Klee hoch. Langsam hebe ich den Kopf, um über die kleine Böschung am Kleeäckerchen hinwegsehen zu können. Da steht doch der Bock mitten in der Wiese, und bei ihm ist eine Ricke mit Kitz und ein Schmalreh. Endlich sehe ich ihn aus der Nähe am hellen Tag. Weiß Gott, das ist ein Bilderbuchbock! Hoch über die Lauscher ragen die dicken Stangen. Hell blitzen die langen Vorder- und Rücksprossen. Dabei erscheint der Bock im Gebäude schwächer als der Erntebock.

Eigentlich ist der viel zu schade zum Totschießen! Wenn man nur wüßte, wie alt er ist! Wenn erst dreijährig, dann bedeutet das nach jagdlichem Verständnis einen klassischen Fehlabschuß. Die Gesichtsfarbe hat mich eigentlich in meinem Revier noch nie betrogen. Doch weiß ich, daß es in vielen Revieren auch anders sein kann. Auch auf den oft angesprochenen grauen Kopf, der zumeist weiß ist, falle ich nicht mehr herein. Bunt scheint sein Gesicht noch, als er jetzt in Richtung Klee auf mich zu äst. Aber auch nicht mehr so bunt wie bei einem Zwei- oder Dreijährigen.

In mir tobt ein heftiger Kampf. Längst könnte ich ihm die Kugel aufs Blatt gesetzt haben. Sehr vertraut scheint er zu sein. Und dieses Verhalten hält mich erst recht davon ab, den Drilling zu heben. Schon fast wie ein Vertrauensbruch kommt mir der Schuß vor. Als wolle er sich in seiner ganzen „Schönheit" präsentieren, so zieht er jetzt vor den anderen Stücken her an den Klee, an dessen Rand ich auf der Seite an der Böschung kauere. Nur noch fünfzehn Schritte trennen mich von ihm. Nein, ich bringe es nicht fertig, den Finger auf ihn krumm zu machen.

So liege ich wohl eine Viertelstunde in nächster Nähe, ohne daß eines der Rehe mich bemerkt. Gemächlich bummeln sie, ab und zu noch ein paar Blättchen und Hälmchen pflückend, wieder in Richtung Waldrand. Und jetzt wird in mir die andere Stimme laut: „Da rennst du die ganze Zeit hinter ihm her, nun könntest du deine großspurigen Worte wahr machen, und da läßt du ihn laufen und machst den Schwachen. Die lachen dich doch aus! Versuch' doch wenigstens mal, ihn ins Zielfernrohr zu bringen!" Und als er, nun schon halbspitz von hinten, auf sechzig Meter noch ein paar Holunderblätter vor dem Waldrand mitnimmt, da reiße ich mich zusammen, der Zeigefinger berührt den eingestochenen Abzug, und der Bock fällt einfach um. Was ich noch nie erlebte: Er rührt sich einfach nicht mehr. Kein Schnellen der Läufe, kein Zucken des Hauptes, kein Bäumen des Körpers, nichts, rein gar nichts. Er ist einfach tot. Die Kugel ist auf dem Blatt der linken Seite eingedrungen und am Halsansatz der rechten Seite ausgetreten.

Mit sehr zwiespältigen Gefühlen stehe ich vor ihm, fast traue ich mich nicht, ihm in den Äser zu schauen. Ein wenig Erleichterung, als ich mit den Fingern zaghaft über die Backenzähne taste und fühle, daß sie schon stark angeschliffen sind. Und trotzdem tut er mir schrecklich leid. Wenn ich könnte, ich würde ihn wieder lebendig machen.

Erst als ich ihn im Rucksack in den Wagen verstaue und plötzlich Oberförster Röder hinter mir steht, da gewinnt die menschliche Eitelkeit wieder die Oberhand. „Weiß Du überhaupt, was Du da erlegt hast?" fragt er. Er ist einer der drei Verführer, die am Tode des Bockes schuld sind. Und da er den gleichen Weg hat wie ich, ist er auch der erste, mit dem der Bock totgetrunken wird.
Mit gut 380 Gramm Gehörngewicht war der Bock dann der beste im Kreisgebiet und erhielt den Silbernen Bruch. Heute erinnert er mich an ein verlorenes Revier, verloren, weil der Nachpächter den achtfachen Pachtpreis bieten konnte, für mich ein verlorenes Paradies.

Mit der Hasenklage

Die Lockjagd ist ein uralter Zweig des Waidwerks. Sie beginnt mit dem Mäusepfiff, den jeder mit den Lippen mühelos hervorbringen kann und endet mit dem Hirschruf, den nur wenige vollendet beherrschen. Die Brunft des Rehwildes hat ihren Namen „Blattzeit“ zu recht, denn auf dem Buchenblatt klingen die Laute, die den Bock anlocken sollen, immer noch am natürlichsten, und mit den zahlreich angebotenen Blattinstrumenten wurden schon mehr Böcke verblattet, als den Jägern zugestanden sind.

Es gibt Jäger, die den klagenden Hasen auf der hohlen Faust imitieren können. Ich begnüge mich mit dem Holzinstrument, das aber auch möglichst naturgetreu eingesetzt werden muß, denn nicht jeder Fuchs fällt darauf herein.

Als Jugendlicher habe ich unzählige Male den damals noch häufigen Steinkauz auf die Getreidegarbenkaupe gelockt, in der ich verborgen saß. Heute machen die Stimmbänder nicht mehr mit, und der Steinkauz ist zur Seltenheit geworden. Das Fiepen des Kitzes und der Ricke ist mit den Lippen leicht nachzumachen und nicht allzuschwer zu erlernen. Auch den rufenden Ringeltauber und die heulende Hohltaube habe ich oft genarrt. Die Schnepfenlocke brachte in der Vergangenheit oft guten Erfolg.

Auf die Hasenklage reagieren noch häufig außer dem Fuchs der Waldkauz, der Marder, der Dachs, und auch die Sauen sind nicht uninteressiert.

An einem Winterabend mit verharschter Schneedecke, zunehmendem Mond, aber bedecktem Himmel, saß ich auf dem Leiterchen am Beerling. Da ich bei dem Harsch nur mit großem Lärm dorthin gelangen konnte, wartete ich auch lange Zeit, bis ich die Quäke in Tätigkeit setzte. Zweimal kurz nacheinander ließ ich Lampes Todesklage erschallen. Die zweite Strophe war noch nicht ganz beendet, da blockte schon der Kauz neben mir auf einem dürren Buchenast. Als ich für ihn noch mit den Lippen mäuselte, umkreiste er mich zweimal lautlosen Fluges, um dann verärgert abzustreichen.

Dann dauert es wieder nur knappe fünf Minuten, da höre ich von oben vom Hang her Tritte im Schnee. Der Schrittfolge nach müßte das der Fuchs sein. Die Entfernung beträgt noch über hundert Meter. Doch im nachtstillen Winterwald ist das leiseste Geräusch zu vernehmen. Langsam, ab und zu verhoffend, nähern sich die Schritte. Sie kommen stichgerade auf mich zu. Doch trotz des Schnees ist noch nichts zu erkennen.

Vor mir stehen auf gute Schrotschußentfernung einige Buchenbüsche am Hang. Dort verhält der Fuchs. Ich wage keine Bewegung, zumal ich frei oben am glatten Stamm sitze. Scheinbar enttäuscht begutachtet der Fuchs die Umgebung. Nach mir endlos erscheinenden Minuten kommt er aus den Jungbuchen heraus. Jetzt kann ich ihn erkennen, wie er von links nach rechts vor meinem Sitz vorbeischnürt. Unendlich vorsichtig und langsam hebe ich den Drilling, bekomme den Fuchs aber nicht ins Zielglas. Nun verschwindet er nach rechts wieder aus meinem Blickfeld. Schnell mäusele ich einmal ganz kurz. Er steht still, macht dann kehrt und kommt die gleiche Strecke nochmals zurück. Jetzt sehe ich den sich bewegenden dunklen Fleck im Zielfernrohr, der wieder auf die Buchenrauschen zustrebt. Als ich nur noch durch die Bewegung zwischen Kusseln und Wild unterscheiden kann, ziehe ich ab. Das Mündungsfeuer blendet das Auge, doch das Rumoren im Laub zeigt an, daß der Fuchs getroffen ist. Das Geräusch wird leiser und verstummt dann ganz. Der Fuchs liegt.

Es war ein starker, gelbroter Birkfuchs. Ihm sind inzwischen eine Reihe anderer Füchse nachgefolgt, wenn auch lange nicht alle Versuche mit der Hasenklage zum Erfolg führten. Sehr oft wartete ich vergeblich, und häufig konnte ich nach dem Abbaumen feststellen, daß eine frische Fuchsspur hinter mir im Schnee stand, die vorher noch nicht da war. Dann hatte Reineke die Stelle umschlagen, sich in meinen Wind gebracht und war heimlich, still und leise wieder verschwunden.

Fast ebenso oft wie der Fuchs stand der Marder auf die Hasenklage zu. Der Birnbaumsitz, in einem zwei Waldstücke verbindenden Heckenstreifen am Rande der Wasserlochwiese stehend, bot auch im Sommer immer wieder mal Gelegenheit, den Steinmarder zu beobachten.

Es war Mitte Juli bei noch gutem Tageslicht, als, aus dem Fichtenhochwald kommend, ein starker Steinmarder am Rande des Heckenstreifens entlang auf meinen Hochsitz zu hüpfte. Schon war er unter mir vorbei, da mäuselte ich leise. Blitzartiges Verhoffen, dann vorsichtiges

Umdrehen in meine Richtung. Da ich vom Laub nach unten ziemlich verdeckt saß, spitzte ich die Lippen nochmals, und schon kletterte der Marder zielsicher am Stamm hoch. Gespannt wartete ich auf seine Reaktion, wenn er mich erkennen würde. Doch schon in Höhe meiner Gummistiefel stutzte er plötzlich, und als ich anfing, langsam mit der großen Zehe zu wackeln, da kam ihm die Erkenntnis, daß hier etwas nicht stimmte. Ein Riesensatz aus drei Meter Höhe vom Baum, und weg war er.

Noch keine drei Wochen später, wieder gegen Abend, saß ich abermals auf dem Birnbaum in der Hoffnung, dem Jagdherrn den dort unregelmäßig auftauchenden guten Bock bestätigen zu können.

Den Blick ständig auf das über der Wiese beginnende Bauernholz gerichtet, bemerkte ich den Marder erst, als er auf dem gleichen Paß schon bald zehn Meter an mir vorbei war und hinter einer Brombeerhecke verschwand. Keine drei Minuten waren vergangen, da kam er schon wieder aus der gleichen Richtung wie vorher. Erst als er unter mir vorbeihüpfte, sah ich, daß er wesentlich stärker war als der vorhergehende. Außerdem hatte er es schrecklich eilig. Vermutlich war dies mein Bekannter, den meine Stiefelspitze so erschreckt hatte. Und wenn ich noch einen Zweifel hatte, daß ich es mit zwei Mardern zu tun hatte, so klärte mich der gleich darauf einsetzende Lärm hinter der Hecke auf, daß sich neben mir ein Hochzeitspaar befand, das noch nicht ganz einig war. Zweimal jagte der Rüde die Fähe um den Busch, dann blieb das Keckern auf einer Stelle mitten im Brombeergestrüpp. So vertieft waren die beiden, daß ich schließlich bis auf zwei Schritte vor dem Buschwerk stand, ohne daß sie mich wahrnahmen. Leise und diskret zog ich mich zurück, denn Liebesleute soll man nicht stören.

Nur einen halben Kilometer vom Birnbaum entfernt steht der Kuhhochsitz, unter den ich mit der Hasenquäke in einer Mondnacht mit Schnee ebenfalls einen Steinmarder lockte. Doch mein Heben des Drillings hatte er gegen den Himmel sofort spitz und war im Buchenjungwuchs verschwunden, bevor ich noch einen Schuß loswerden konnte.

Seinen Namen hatte der Hochsitz übrigens von der Kuhherde, die der Bauer des Wasserlochhofes mit konstanter Bosheit immer wieder dann vor den Hochsitz trieb, wenn der Landforstmeister auf den braven Bock dort ansaß. Einmal verpaßten sich allerdings beide, der Bauer und der Bock.

Doch zurück zum Marder! Es war an einem 7. Januar nach 17 Uhr. Hoher Schnee und völlige Windstille ließen mich auf dem Birnbaumsitz noch verweilen. Die Ricke ohne Kitz war heute dort nicht ausgetreten, aber von den ausrückenden Hasen sollte noch einer für die Küche erlegt werden. Er ließ nicht lange auf sich warten, und als er auf gute Entfernung am Waldrand verhoffte, warfen ihn die Schrote in den Schnee. Noch gut zehn Minuten wartete ich ab. Dann ließ ich Lampes Totenklage erschallen und mit einem ersterbenden Seufzer enden. Mal sehen, ob nicht ein Fuchs aus der dahinterliegenden Sommerraindikkung den Hasen in die Nase bekommt!

Eine Viertelstunde vergeht, zwanzig Minuten sind schon um. Nichts rührt sich. Totenstille im Winterwald. Der weiche Schnee dämpft jedes Geräusch. Doch plötzlich ist rechts oben am Waldrand eine Bewegung. Ist dort eben ein weiterer Hase entlang gehoppelt, oder war es vielleicht eine Katze vom Hof?

Sachte hebe ich das Glas. Nichts! – Langsam schwenkt das Glas rüber zu dem noch an seinem Platz liegenden Hasen. Bewegte der sich nicht eben? Unmöglich, der ist schon fast eine halbe Stunde tot!

Und doch schiebt er sich jetzt ein wenig nach hinten, ohne die Läufe zu bewegen. Schlagartig kommt mir die Erleuchtung: Er wird gezogen. Ein Marder ist es, der an ihm herumzerrt. Und da der starke Waldhase zu schwer und im tiefen Schnee schlecht in Deckung zu ziehen ist, macht sich der Marder an Ort und Stelle über ihn her. Als er oben auf dem Hasen sitzt, mache ich den Finger zum zweiten Male krumm. Das Mündungsfeuer blendet in der Dunkelheit, und nichts mehr ist zu sehen. Doch ich bin meiner Sache sicher.

Als ich kurz darauf hinzutrete, da liegt der starke Marderrüde hinter dem armen Hasen, der auch noch mal Schrote abbekommen hat, die er aber so wenig spürte wie der Marder, der nun mit seiner anscheinend so leichten Beute im Tod vereint ist.

Der vierte Schuß

Trophäen haben ihre eigene Geschichte. Ihr Wert richtet sich nach der Mühe, die zur Erlangung aufgewendet wurde und nach der Tiefe und Mannigfaltigkeit der Erlebnisse, die mit der Erlangung verbunden waren. So gesehen kann eine kapitale Trophäe fast wertlos werden, wogegen der Balg der Füchsin, von der diese Geschichte erzählt, fast unbezahlbar wäre. Dabei ist er weder besonders groß, noch gut im Haar oder auffallend in der Färbung. Denn die Fähe vom Scheidkopf war eher schwach als stark und so durchschnittlich, daß sie ohne ihr besonderes Merkmal höchstens noch an ihren gleichbleibenden Gewohnheiten zu erkennen war.
Unsere erste Begegnung fand an einem Buß- und Bettag statt und war eine völlig einseitige Angelegenheit, denn die vertraut am Waldrand zu Bau schnürende Fähe erkannte mich, der ich in der Morgendämmerung mit gutem Wind hinter dem alten Holunder reglos stand, überhaupt nicht als feindliches, menschliches Wesen, zog auf zehn Meter an mir vorbei und sprang dann leichtfüßig und ohne Hast von Klippe zu Klippe in das große Felsgeröll, das dem ehemaligen Steinbruch als hohe Trümmerhalde vorgelagert ist. Der Schuß auf das ahnungslose Wesen wäre so leicht, die Erlegung so einfach gewesen, daß die Beute keine Befriedigung hätte sein können. So senkte sich der erhobene Drilling wieder, und die Füchsin, auf deren schlankem Körper schon der Zielstachel gestanden hatte, behielt ihr Leben. Trotz aller späteren Ereignisse habe ich diese Unterlassung bis heute nicht bereut.
Trotzdem war beschlossen, daß sie noch im selben Winter, wenn der Balg erst voll reif war, zur Strecke kommen sollte. Und das erschien mir auch gar nicht so schwierig. Von der Hasenquäke hielt sie zwar nicht viel, und von derartigen Versuchen kam ich auch bald wieder ab, nachdem ich erfahren hatte, daß ihr mein Gequäke ziemlich gleichgültig war. Oder tat sie nur so? Einmal wenigstens, bei Vollmond mit Schnee, hatte ich schon geglaubt, sie würde auf den Schwindel hereinfallen.
Bereits eine gute halbe Stunde hatte ich ihr zugesehen, wie sie auf dreihundert Meter an einem alten Erdaufwurf mitten in der Talwiese herumscharrte. Irgendetwas mußte sie dort mächtig interessieren. Da ließ

ich von der Kanzel herunter das Wehgeschrei Lampes erschallen. Die Fähe tat völlig uninteressiert. Erst nach ungefähr fünf Minuten setzte sie sich auf mich zu in Bewegung, um nach fünfzig Metern schon wieder auf den Keulen sitzend zu verhoffen. Nun machte ich den Fehler, daß ich, um ihren Entschluß zu beschleunigen, nochmals zur Quäke griff, worauf die Fähe kehrtmachte, um mit ihrer Grabarbeit fortzufahren. Einige spätere Versuche, bei denen ich ihr Verhalten ebenfalls beobachten konnte, machten überhaupt keinen Eindruck mehr auf sie. Hätte ich nicht bald danach in einem anderen Revierteil zwei junge Fuchsrüden auf die Hasenklage hin erlegt, ich hätte an meiner Kunst gezweifelt. Die Fähe sah ich noch mehrmals in der Nähe des Baues, doch zum sicheren Schusse reichte es nie.

Der Februar kam, und in den Nächten erklang das heisere Gebell der Füchse. Es war Ranzzeit. Jetzt sollte es aber ernst werden.

Vor dem Hellwerden saß ich schon an der Nordwestecke des Scheidkopfes auf die Fähe an. Nur langsam und zögernd graute der Tag. Die Luft war mild, der Schnee klebte naß an den Gummistiefeln. Einen Bussard und drei Rehe bekam ich zu sehen, nicht aber meinen Fuchs. Es war schon halb neun Uhr, als ich mich steif von meinem Ansitzstühlchen erhob und an der Westseite des Scheidkopfes entlangbummelte. Was war das eigentlich für ein dunkler Fleck da unten an dem Feldrain im Tal? Jetzt wurde er lang, gleich danach wieder kurz. Das Glas brachte Gewißheit. Die Fähe war es, und sie hatte noch gar keine Eile, in den Bau zu kommen. Bis kurz vor neun Uhr trieb sie sich frei unten im Tal herum, steckte den spitzen Fang in die Brombeerhecke an der Böschung, scharrte am Rande des Kleeackers und untersuchte die Kleeheuböcke, oder sie mauste mitten in der verschneiten Wiese. Dann verschwand sie für einige Zeit unter einem langgestreckten Rain, und als ich sie wieder erblickte, war sie schon am unteren Talhang und trabte plötzlich eilig auf direktem Weg hinauf zum Bau.

Jeden freien Vormittag, solange noch Schnee lag, saß ich nun dort an. Doch es klappte nie. Immer konnte ich die Fähe lange im Tal beobachten, aber für den Rückweg zum Bau benutzte sie fast täglich einen anderen Paß, und saß ich am Bau, dann kam sie überhaupt nicht und steckte sicher in der verwachsenen, kleinen Dickung neben dem Steinbruch. Einmal brachte sie sogar den starken Fuchsrüden vom Mittelwald mit. Etwas früher als sonst – daran war sicher der alte Rüde schuld –

schnürte sie spitz auf meine Waldecke zu, und im Geist hatte ich beide schon als Dublette im Rucksack, da drehte die Fähe sechzig Meter vor mir im rechten Winkel ab, war mit zwei Sätzen die Böschung hochgesprungen und trabte nun, gefolgt von dem fast doppelt so starken Altfuchs, breit wie eine Zielscheibe, aber doch eben zu weit für einen Schrotschuß, an mir vorbei. Vielleicht hätte der linke Lauf noch bis hin gereicht, doch ich habe ein wenig Erfahrung mit unsicheren Schüssen auf Füchse und wollte mir einen krank geschossenen Fuchs ersparen. Hätte ich das nur weiter getan!

Es war nur einen Tag später. Die schon lange von mir erwartete Fähe kam spät über die Felder vom Mittelwald her. Sicher hatte ihr Verehrer sie dort so lange aufgehalten. Genau wie tags zuvor stand ich zwischen den drei Kiefern an der Waldecke, und genau so stichgerade wie am Vortag kam sie auf mich zu, nur etwas schneller vielleicht und eben alleine. Um mich nicht durch eine Bewegung zu verraten, richtete ich die Läufe des Drillings bereits auf die Stelle, an der sie am Vortag abgebogen war. Doch wo blieb sie nur? Bis ich gemerkt hatte, daß sie heute ganz eng unten an der Böschung entlang weitergetrabt war, hatte sie sich mir auch schon auf zehn Meter genähert, war bereits in Deckung des dichten Buschwerks am Waldrand, hinter dem ich stand, und passierte meinen Platz auf zwei bis drei Meter unter mir, ohne daß ich einen Schuß hätte abgeben können. Und genau in dem Augenblick, in dem sie hinter Waldschirm und Böschung wieder frei ins Blickfeld kam, nahm sie den Rain an, drei Sprünge hinauf, und dann spitz von mir weg. Jetzt galt es! Der Drilling flog hoch und der Schuß hinaus, den die Fähe mit einem Riesensprung quittierte, um dann wie besessen in die verschneite Buchenjugend zu rasen. Unmöglich, den zweiten Schuß noch loszuwerden.

Da stand ich nun mit betretenem Gesicht und hängenden Ohren und hatte haarscharf das erreicht, was ich unbedingt vermeiden wollte. Schweiß fand ich genügend, und der führte mich, im Schnee leicht zu verfolgen, auf schnurgeradem Wege zum Bau, in den die Fähe krank eingefahren war. Anstatt des erhofften Fuchsbalges hatte ich mir ein miserables Gewissen eingehandelt und dazu den guten Vorsatz, nie mehr auf den Fuchs einen Schuß spitz von hinten zu riskieren.

An jedem folgenden Tag untersuchte ich die verschiedenen Röhren nach Spuren, denn der kranke Fuchs soll bekanntlich vor dem Ver-

Odenwaldlandschaft mit dem letzten Einstand des „Vorbeigeschossenen" in der Bildmitte ▶

enden den Bau verlassen. Doch die Fähe wurde wieder gesund. Nur behielt sie ihr Kennzeichen, an dem ich sie in Zukunft unverwechselbar immer wieder erkannte: Sie schonte leicht den rechten Hinterlauf, ohne dadurch merklich behindert zu sein.

Natürlich war sie jetzt heimlich geworden, und es war schon um die Zeit, als die Böcke sich rot färbten, daß ich sie wieder sah. Sie schien eine Scheu vor der ganzen Westseite des bewaldeten Kopfes zu haben; denn wenn ich sie den Sommer über mal beobachten konnte, dann war es nur an der Ostseite. Während der Zeit der kurzen Nächte bekam ich sie mehr als einmal in Anblick. Auf dem Weg zum Bau trug sie den Fang voller Mäuse, und es war nicht schwer festzustellen, daß sie nicht nur die Schußverletzung ausgeheilt, sondern auch noch ein Geheck Jungfüchse im Bau gewölft hatte, für das sie unermütlich sorgte. Während dieser Zeit war sie selbstverständlich tabu, doch um so sicherer stand fest, daß ich mir im kommenden Winter ihren Balg holen würde.

Der Winter kam, und es wurde ein denkwürdiger, selten strenger Winter. Je länger er anhielt, desto mehr stand die Sorge um das Wild im Vordergrund. Der Rucksack, voll mit Hafer, Äpfeln, Rübenschnitzeln und Gemüseabfällen, drückte im tiefen Schnee so sehr ins Kreuz, daß der Drilling meist zu Hause blieb. So erinnerte ich mich der Füchse erst wieder, als ich im Schnee feststellen mußte, daß der starke Rüde im Mittelwald ein Schmalreh gerissen hatte. Allerdings war dieses krank gewesen, und wäre der Fuchs nicht gekommen, so wäre es auch von alleine in seinem eisigen Bett eingegangen. Nur ungefähr hundert Meter hatte er es gehetzt und dann an der Drossel niedergezogen. So, wie es war, ließ ich es an Ort und Stelle liegen, denn am Riß standen auch die Spuren der Fähe im Schnee, und mit ein wenig Glück konnte ich beiden hier auflauern.

Zwischen drei Jungfichten entstand ein kleiner Schirm, zwanzig Meter von dem gerissenen Reh entfernt, das ich einen Meter neben dem Weg im Brombeergerank kaum erkennen konnte.

Es war windstill und bitterkalt, als ich mich gegen zwanzig Uhr dick eingemummt in diesen Schirm kauerte. So 16 bis 18 Grad unter Null mochten es schon sein, und ich machte mich auf einen langen Ansitz gefaßt. Die Sicht war alles andere als gut, doch auf die kurze Entfernung mochte es gehen. Totenstille im Winterwald. Ein hoppelnder Hase auf der Schneise war im verharschten Schnee schon auf vierzig

◀ *Oben: Auf dem Weg zum Bau trug sie den Fang voller Mäuse*
Unten: Auch am Tage ist der Fuchs nicht immer im Bau

Meter zu vernehmen. Mit dem Fuchs rechnete ich noch gar nicht, als schon nach zwanzig Minuten sich fern in der Buchenjugend ein leises „Tapp, Tapp“ hören ließ, das lauter wurde und schneller näher kam. Der trabenden Schrittfolge nach konnte das nur ein Fuchs sein. Und er war es! Nur wenige Meter an mir vorbei, konnte ich ihn schemenhaft zwischen dem Jungbuchenwuchs erkennen. Dann verschwand er zwischen den eingestreuten Jungfichten. Gleich darauf war ein dunkler Klumpen dort, wo das Reh liegen mußte. Hätte ich jetzt nur gewartet, bis er mit seinem Mahl begonnen hatte! Doch in mir kochte trotz der eisigen Kälte das Jagdfieber, und wenn sich der Drilling auch nur ganz sachte hob, das leise Rauschen des Mantels konnte dem noch sichernden Fuchs nicht entgehen. Verzweifelt suchte ich durchs Zielfernrohr Jungfichte und Fuchs zu unterscheiden. Da, ein schwarzer Fleck war verschwunden, ein Sprung, nochmals Stille, und dann eilige, sich schnell entfernende Fluchten im Schnee. Die Chance war vertan!
Ich will nicht aufzählen, wie viele Stunden ich während des Januars noch als lebendes Gefrierfleisch auf dem dort zusätzlich hingestellten Leitersitz verbrachte. Doch die Füchse mieden das Luder vollständig. Nur der Bussard holte regelmäßig seinen Anteil. Vierzehn Tage dauerte es, bis sich beide Füchse in einer Nacht den Rest teilten, und so lange hatte ich natürlich nicht ausgehalten.
Mißerfolge schrecken manchen ab. Für mich wird das Ziel dadurch nur wertvoller. Ich wollte die Fähe haben, koste es, was es wolle. Nur so war auch meine nächste Dummheit zu verstehen.
Es war im Februar und noch tiefer Winter. Da entdeckte ich am Sonntagmorgen die Fähe nahe der Reviergrenze an der Ostseite des Scheidkopfs, wie sie gemächlich dem Bau zustrebte. Jetzt mußte sie eine dekkungslose Koppel überqueren. Weit war es bis dahin, viel zu weit für einen sicheren Schuß. Aber man könnte es ja mal versuchen. Auf hundertfünfzig Meter hatte ich kurz vorher bei einem Probeschuß eine Blechdose getroffen. War der Fuchs nicht viel größer, zumal ich bequem auf dem Grabenrand auflegen konnte? Könnte man die Fähe nur mal zum Halten veranlassen! Doch auf meinen Pfiff reagierte sie infolge der großen Entfernung nicht. So hielt ich etwas vor und ließ fliegen. Ein erschrockener Sprung des Fuchses folgte dem Schuß. Verdutztes Verhoffen, dann wilde Flucht hinauf nach dem Waldrand. Vorbei!
Hinterher ist man immer schlauer. Weshalb habe ich ihr nicht an den

folgenden Tagen an dem übersichtlichen Osthang aufgelauert? Jetzt würde wieder alles umsonst sein. Und so war es auch. Die Fähe mußte sogar vorübergehend den Bau aufgegeben haben, und es wurde Mai, bis ich sie wiedersah.

Sie hatte die Gewohnheit des ersten Jahres unserer Bekanntschaft wieder angenommen. Die Westseite des Scheidkopfes schreckte sie nicht mehr. Wieder waren Jungfüchse im alten, zerklüfteten Felsenbau, in den man keinen Teckel hineinschicken konnte. Nach der Heuernte sah ich ihr öfter zu, wie sie frei in der Talwiese Mäuse zusammentrug, die sie im Fang nach dem Bau brachte. Vierzehn Stück zählte ich einmal bei einem solchen Transport. Und wieder hoffte ich auf den nächsten Winter. Gründlich und sorgfältig wollte ich dieses Mal vorgehen.

Die Zeit heilt viele Wunden, offenbar auch im Leben und in der Erinnerung eines Fuchses. Als der Abschuß des weiblichen Rehwildes erfüllt, der Januar mit Schnee gekommen war und ich mich der Fähe widmen konnte, da verhielt sie sich ganz wie im ersten Jahr. Morgen für Morgen konnte ich sie unten im Tal beobachten. Dort konnte niemand sich ihr unbemerkt nähern. Bis nach neun Uhr war sie dort oft auf den Läufen. Den Rückweg zum Bau wählte sie aber immer wieder so raffiniert, daß ich einfach nicht zu Schuß kommen konnte.

Aus der Ferne hatte ich festgestellt, daß sie abends den Bau auch nach Westen verließ. Mehrfach geschah dies bei noch genügendem Büchsenlicht. So stellte ich eines Nachmittags die transportable Ansitzleiter über den Bau in eine der wenigen dort kümmernden Fichtenstangen. Das ging nicht ganz ohne Geräusch, und ohne große Hoffnung setzte ich mich gleich dort an. Das Gezeter des Zaunkönigs brachte mir die Entdeckung seines Schlafnestes unter meinen Füßen am Stämmchen einer dicht beasteten Jungfichte. Gespannt, ob der kleine Kerl trotz meiner reglosen Nähe seine Schlafstatt aufsuchen würde, überhörte ich fast den leichten Plumps unter mir im Felsgeröll, und dann war die Fähe auch schon aus dem Bau. Geschickt schlängelte sie sich durch die kahlen Holunderbüsche, die zwischen den Felsblöcken den Hauptausgang verdeckten. Kein Sichern, kein Verhoffen, das ich in einer Lücke zwischen dem sperrigen Holundergeäst hätte ausnutzen können. Nein, nur eilige Flucht und wieder keine Möglichkeit, einen sicheren Schuß anzubringen. Ich saß mehr als einen Abend auf der Felsenburg an. Ja, ich warf ihr sogar ein Rehgescheide in den Holunder, um sie so zum

Verweilen zu bringen. Doch als einziges Ergebnis erreichte ich, daß sie nun eine andere Röhre zum Ausfahren wählte und den leckeren Fraß weiter ignorierte. Also mußte ich es wieder morgens versuchen.
So kam der letzte Sonntag im Februar. Noch bei völliger Dunkelheit hatte ich mich an der Westseite so in den Waldrand gesetzt, daß ich meinen Standort nach Bedarf schnell ändern konnte. Als das Licht langsam den grauen Tag erhellte, dauerte es nicht lange, bis ich die Fähe im Tal ausgemacht hatte. Welchen Heimweg würde sie heute einschlagen? Lange ließ sie mich darüber im unklaren. Dann verschwand sie unter einem langen Rain und blieb unsichtbar. Nach einer weiteren Viertelstunde gab ich auf. Wie hatte sie mich dieses Mal nur wieder narren können? Zum ersten Mal mutlos, machte ich mich auf den Weg zum Wagen. Es war mehr Zufall als Absicht, daß ich kurz vor dem Ende des links den Weg begleitenden Waldrandes noch einmal rechts hinunter ins Tal sah. Da kam ja die Fähe über den hartgefrorenen Sturzacker den Hang hoch, und sie schnürte so genau auf mich zu, als zöge ich sie am Faden. Dabei stand ich frei im blendenden Weiß des Schnees, und jede hastige Bewegung mußte auffallen. Zentimeterweise wurde ich kleiner und sank in mich zusammen, bis ich sitzend hinter dem überhöhten Wegrand Deckung hatte und gerade noch über den Rand sehen konnte. Schon hatte ich den Fuchs im Zielfernrohr, das, in der Dämmerung unentbehrlich, ich bei Helligkeit abzunehmen vergessen hatte. Doch dazu war keine Zeit mehr. Auf später abgeschrittene 16 Schritte ließ ich den Fuchs auflaufen. Dann krachte der Schuß, der die gefrorenen Erdschollen vor mir aus dem Wegrand riß und den Sand hoch aufspritzen ließ. Die Fähe überschlug sich beinahe rückwärts, um dann, fünf Meter an mir vorbei, über den Weg die Böschung hinaufzurasen. Aus und vorbei!
Ich war so bedeppert, daß ich den zweiten Schuß vergaß, und so verzweifelt, daß ich noch nicht mal schimpfen konnte. Was war geschehen? Bevor ich begriffen hatte, mußte ich mich erst noch mal auf meinen Platz knien, um festzustellen, daß zwar das Zielfernrohr über die Böschung geblickt hatte, der Lauf aber vor mir genau in die Deckung gerichtet war. Das bedeutete das Ende; ich gab auf. Die Fähe sollte weiterleben trotz Tollwut und allem, was geschehen war. Ich würde keinen Finger mehr auf sie krumm machen. Sie hatte gewonnen, und ich hatte gelernt, auch verlieren zu können. Nach ein paar Tagen war

es keine Resignation mehr, sondern die Achtung vor einem ebenbürtigen Gegner. Vielleicht hat auch noch ein wenig Aberglaube bei meinem Vorsatz mitgespielt.
Und doch brach ich mein mir gegebenes Wort. Der Entschluß dazu fiel mir nicht leicht. Drei Jungfüchse nur hatte sie im letzten Jahr, von denen einer von einem Jagdgast erlegt wurde, während ich die beiden anderen, als sie schon selbständig mausten, auf der Kleestoppel als Dublette streckte. Die Fähe selbst kam mir im Frühherbst beim Ansitz auf den letzten Bock vor den Büchsenlauf. Unbehelligt ließ ich sie ziehen. Dann kam wieder ein Februar und damit in Hessen die gesetzliche Verordnung, alle Fuchsbaue zu vergasen, um so der Tollwut besser Einhalt gebieten zu können. Da brach ich meinen Vorsatz. Die Fähe sollte nicht durch Giftgas den Tod erleiden. Wenn schon, dann gönnte ich ihr ein ehrliches Ende.
Ganz vorsichtig hatte ich erkundet, welche Röhre sie abends zur Ausfahrt benutzte, und nach jedem Baubesuch ließ ich drei bis vier Tage verstreichen. Schließlich kam Anfang März ein Tag, wie ich ihn erwartet hatte: Neuschnee, windstill, mild, und es war kurz vor Vollmond. Den Platz zum Ansitz hatte ich hinter zwei großen Findlingsblöcken schon längst ausgesucht und hergerichtet. Früh und lautlos nahm ich ihn ein. Den Drilling vor mir legte ich so auf den Rucksack, daß nicht mehr viel zu richten war. Lange mußte ich warten, doch ich war meiner Sache sicher. Längst waren die Krähen zu ihren Schlafplätzen gestrichen, das Rotkehlchen tickte nicht mehr im Unterholz, und die Hasen mümmelten bereits die junge Saat unterm Schnee. Da glaubte ich, ein leises Kratzen zu hören, gleich danach unterdrücktes Miefen und Gähnen. Dann stand die Fähe auf dem flachen Felsblock. Ruhig äugte sie hinunter ins Tal. Langsam setzte sie sich in Bewegung. Gleich mußte sie im Zielglas sein. Jetzt! Im Knall und blendenden Feuerschein sank sie in der Spur zusammen und rührte keinen Lauf mehr. Den Schlag, der sie traf, hatte sie nicht mehr gespürt. Lange verweilte ich noch auf meinem Platz, und es war mehr Wehmut in mir als Freude.

Nur ein Frischling

Trafen sich früher hier im Odenwald zwei Hubertusjünger, von denen einer ein Stück Schwarzwild erlegt hatte, dann kam unweigerlich nach dem „Waidmannsheil" die Frage: „Wie schwer?" Denn der Wert der Beute steigt selbstverständlich mit dem Gewicht, das der Schwarzkittel auf die Waage bringt. Demzufolge ist der Jäger, der eine ausgewachsene Sau schießt, tüchtiger als jener, bei dem es nur zu einem Frischling gereicht hat.

Gott sei Dank ist eine derartige Denkweise heute vielfach überwunden. Dies schließt nicht aus, daß es noch genügend Waidgenossen gibt, denen biologisches Denken auch jetzt noch schwer fällt. Wie sonst wäre es zu erklären, daß immer wieder mal kleine, mutterlose Frischlinge auftauchen, denen ein gewissenloser oder auch nur leichtsinniger Schütze die Bache wegschoß, ohne deren Führung die Kleinen natürlich kümmern, auch wenn sie überleben sollten. Der Großteil der Jägerschaft hat erkannt, daß auf biologisch sinnvolle Bejagung nicht mehr verzichtet werden kann.

Dementsprechend sind auch die Bejagungsrichtlinien für unser Schalenwild aufgestellt, wobei, dem Beispiel der Natur nachgeahmt, vom jährlichen Nachwuchs ein Großteil entnommen werden muß.

Dem jagdlichen Laien erscheint es oft herzlos und grausam, wenn der Jäger ein Hirschkalb, Rehkitz oder einen noch kleinen Frischling erlegt, erlegen muß. – Mich kostet es Jahr für Jahr neue Überwindung, wenn ich das Anmutigste und Lieblichste, was uns die Wildbahn bietet, aus dem Leben reißen soll. Das Gefühl muß zwangsläufig dabei unterdrückt werden, wenn die Abschußfestsetzung und damit der Verstand gebieten, nur so viel Nachwuchs am Leben zu lassen, wie in vom Menschen unberührter Natur geblieben wäre, um der übrigen Population genügend Lebensraum, Äsung und optimale Entwicklung zu gewährleisten. Das gilt natürlich erst recht für unsere eingeengte Kulturlandschaft.

Und so muß der verantwortungsbewußte Jäger auch beim Schwarzwild, für das kein Abschlußplan existiert, auf eine natürliche Altersstruktur und die Sicherung der Lebensgrundlagen alter und ausgereif-

ter Stücke sorgen, indem er alle Frischlinge wegnimmt, deren er habhaft werden kann. Es bleiben mit Sicherheit noch eine ausreichende Anzahl übrig.
Als ich am 13. August morgens um vier Uhr widerwillig aus den Federn kroch, da galt es einem Abschußbock, und von den Sauen war keine Rede. Und doch war, wenn auch unausgesprochen, die Hoffnung, den Sauen zu begegnen, daran schuld, daß ich so früh ins Revier fuhr; denn das Rehwild ist um diese Tageszeit zwar sehr vertraut, aber meist weniger rege als nach Sonnenaufgang in den ersten Tagesstunden.
Leise drücke ich die Tür ins Schloß, als ich gegen halb fünf Uhr den Wagen neben der Hauptverkehrsstraße am Waldrand stehen lasse. Vorsichtig schleiche ich auf gewohntem Pfad nach der hohen Kanzel über dem Hottenbachtal, die einen umfassenden Einblick in das malerische, von Wald eingerahmte Wiesentälchen gestattet, an dessen Hängen zahlreiche Getreidefelder kurz vor der Reife stehen. Auf der Kanzel will ich das Büchsenlicht abwarten, um dann, je nach dem Wind, das Tal hinauf- oder hinabzupirschen.
Noch unter der Leiter stehend, suche ich die langgestreckte Wiesenfläche im Talgrund ab. Einzelheiten sind vorläufig noch nicht zu erkennen. Nur zögernd weicht das Dunkel der Dämmerung. Die Luft ist weich und mild. Noch ist keine Vogelstimme zu vernehmen. Kein Motorengeräusch stört die Stille, die mich umfängt und einhüllt. Rechts neben mir steht in einem Kleefeld ein Stück Rehwild. Ob Bock oder Ricke ist noch nicht feststellbar. Der Figur nach tippe ich auf ein Schmalreh. Mal sehen, ob ich recht habe, wenn das sachte emporsteigende Licht genaueres Ansprechen ermöglicht!
Gerade will ich mich zur Leiter wenden, als mich ein leises Knicken von Getreidehalmen auf der Stelle festhält. Wo kam das her? War es vor mir oder weiter unten am Wiesenrand? Durch das Glas erkenne ich hundert Meter unter mir die in einem Rübenacker stehenden Vogelscheuchen aus Staniolstreifen, die der jetzt aufkommende Morgenwind in flatternde Schwingungen versetzt. Rührt das Geräusch davon her, oder war es ein Stück Wild in der Frucht? Wieder will ich mich umdrehen, als ein erneutes Knistern mir eindeutig die Gegenwart eines stärkeren Stückes Wild bestätigt. Und sofort habe ich die Gewißheit: Das kann nur von einer Sau herrühren. Mit einem Schlag ist die besinnliche Stimmung weggewischt. Schon anderthalb Jahre ist es her, seit ich

die letzten drei Überläufer kurz hintereinander erlegte. Vergeblich war seither trotz mancher geopferten Nachtruhe alles Bemühen.
Sogleich ersteht vor dem geistigen Auge das Traumbild des starken Keilers, dessen Fährte etwa alle fünf Tage einmal bei uns im Revier steht und hinter dem ich schon seit drei Jahren her bin, ohne ihm mehr als einmal begegnet zu sein. Und ausgerechnet bei diesem einen Male muß sich der Mond im Zielglas gespiegelt haben; eine andere Erklärung finde ich auch heute noch nicht, weshalb er plötzlich, obwohl der Wind voll auf mich zu stand, wie von Zauberhand weggewischt war. So ist es kein Wunder, daß es mir siedendheiß durch alle Glieder fährt, als jetzt am Rande des untersten Weizenschlages ein großer, schwarzer Klumpen erscheint, über dem ich die hochaufgerichteten Teller erkenne, die sichernd in die Runde suchen, bis auch sie das Geräusch der zappelnden Staniolstreifen als völlig harmlos erkennen. Mit dieser Erkenntnis verschwindet die Sau wieder im Weizen, und sogleich komme ich zur Gewißheit, daß aus dem Keiler wieder nichts wird; denn der jetzt einsetzende Lärm hätte auch einem jagdlichen Laien mitgeteilt, daß dort unten eine ganze Rotte am Werk ist, und in solch lärmendem Treiben wird kein anständiger Keiler sein Leben aufs Spiel setzen.
Wie aber kann ich zum Schuß kommen? Bis an das Feld sind es wohl hundertfünfzig Meter, und zu sehen ist außer den hin- und herschwankenden Getreidehalmen rein gar nichts. Also zuerst mal rauf auf die ziemlich hohe Kanzel! Vielleicht kann ich von da oben mehr erkennen.
So sitze ich denn gleich danach hoch im Geäst der beiden Buchen, vernehme bis hier herauf das Schmatzen, mit dem die Sauen die Ähren durch das Gebrech ziehen, erkenne eine stubengroße Fläche, die schon plattgewalzt erscheint, bemerke ab und zu das Schwanken der Halme und kann in der hochstehenden Frucht doch nichts anderes sehen als die Bache, die noch einmal sichernd am Rande auftaucht. Ein mächtiger Kasten ist das, und auf den wäre ein Schuß von hier durchaus möglich. Versuchshalber hebe ich den Drilling. Es ist inzwischen so hell, daß ich den Zielstachel sauber in den Wildkörper bringe. Nur den Finger bräuchte ich noch ein wenig anzuwinkeln. Doch es ist mir nicht ernst damit. Soll ich mir selbst die Freude an der Beute nehmen, mich selbst betrügen und um das Beste bringen, was die Jagd zu bieten hat? Nur in ständigem Maßhalten und in freiwilligem Selbstbescheiden kann der ganze Reiz der Jagd auf Dauer erhalten bleiben, ganz abge-

sehen davon, daß es eine jagdliche Schweinerei wäre, jetzt um diese Jahreszeit den Kindern die Mutter totzuschießen, die sie noch notwendig brauchen. Nein, darüber verliere ich keinen Gedanken. Doch eine Sau will ich schießen. Sogar unbedingt, schon um den gerade entstehenden Wildschaden zu verhindern. Nur über das „Wie" bin ich mir noch nicht im klaren.

Das Weizenfeld ist mit dem danebenliegenden Roggenfeld nicht sehr groß. Wenn die Sauen auswechseln, müssen sie entweder über die freie Wiese oder vor mir durch die Kartoffeln und Rüben. Leise hoffe ich, daß doch mal ein Frischling oder Überläufer die schützenden Halme verläßt, um in den Kartoffeln zu brechen. Doch meine Hoffnung trügt, und ich warte vergeblich. Richtig hell ist es zwar immer noch nicht, doch lange wird die führende Bache hier nicht mehr verweilen. Da der mutmaßliche Tageseinstand jenseits der Wiese liegt, wird die ganze Rotte auf dem kürzesten Weg nach drüben trollen. Dann komme ich von hier nur zu einem sehr weiten und unsicheren Schuß. Versuche ich aber auf die andere Seite zu kommen und die Rotte zieht hier herauf, dann ist an Schießen überhaupt nicht zu denken.

Es bleibt mir keine andere Wahl, ich muß herunter vom Sitz und versuchen, möglichst nahe heranzukommen. Erst schiebe ich noch eine Brenneke in den linken Schrotlauf, dann gehe ich los. Günstig für mich ist der beständige leise Wind, der das Tal herunterweht. So behutsam wie nur möglich schleiche ich durch die Kartoffeln, jedes Anstreichen am Kartoffelkraut vermeidend. In den Rüben wird das noch schwieriger. Doch die Hälfte des Weges habe ich bald hinter mir. Gerade, als ich eine kleine Böschung herunterrutsche, schreckt links oberhalb von mir ein Stück Rehwild, das ich am Waldrand übersehen habe. Sofort liege ich lang, während die Sauen von dem Schmälen nur wenig Notiz nehmen. Sicherlich halten sie sich selbst für den Anlaß dieser Mißfallensäußerung. Gott sei Dank beruhigt sich auch das Reh bald wieder. Trotzdem ziehe ich es vor, am Boden zu bleiben und auf den Knien zwischen den Reihen bis an den Rand des Kornfeldes zu kriechen. Im Schutz der fast mannshohen Halme richte ich mich wieder auf und bin jetzt nur noch dreißig Meter von den nächsten Sauen entfernt. Gebückt geht es Schritt für Schritt weiter. Wenn jetzt die Bache wieder sichern sollte, dann ist natürlich alles vorbei. Doch ich habe Glück und stehe bald vor den zertretenen Halmen, die den Einwechsel in den Weizen kennzeichnen. Höchstens zehn Meter vor mir muß der nächste Frischling stehen, doch ich bin nicht in der Lage, auch nur das Geringste zu erkennen. Jetzt klopft mir das Herz so zum Hals hinaus, daß ich meine, die Sauen müßten es vernehmen. Aber ich muß auch noch in das Getreide hinein, wenn ich überhaupt zu Schuß kommen will.

Fünfzehn Meter vor mir gähnt zwischen den goldbraunen Ährenköpfen die freie Stelle, wo die Stengel zu Boden gedrückt sind. Wenn ich diese Stelle einsehen kann, dann muß mein Vorhaben gelingen. Genau gegen den Wind schiebe ich mich zwischen die Halme. Das dabei unvermeidliche Geräusch wird von der im Gebräch stehenden Rotte überdeckt. Überall ist Bewegung und Leben. Plötzlich ein erschrockener Schnarchton drei Meter links von mir. Ein dunkler Körper macht ein paar Fluchten von mir weg, während ich zusammensinke. Jetzt muß die Rotte aber abspringen! – Für einen Moment ist auch alles still. Doch die Frischlinge scheinen nicht gesonnen, sich die Mahlzeit durch einen schreckhaften Überläufer verderben zu lassen und fahren in ihrer Weizenernte gleich wieder eifrig fort. Trotzdem weiß ich, daß ich jede Sekunde entdeckt werden kann. Ich stehe ja fast schon in der Rotte. Und doch kann ich immer noch keinen Wildkörper ausmachen. Noch fünf bis sechs Meter dringe ich weiter vor. Nach rechts muß ich mit zwei oder drei Sauen auf gleicher Höhe sein, wie die Bewegung der Ähren beweist. Vor mir sehe ich endlich auf die flachgetretenen Stengel. Dahinter erkenne ich einen dunklen Körper in Bewegung. Ist es die Bache oder ein Überläufer, der mir natürlich noch willkommener wäre als ein Frischling. Wo stecken diese überhaupt? Rund um mich kann ich sie vernehmen, doch der Unterwuchs unter den Ähren steht so hoch, daß sie kaum darüber hinausragen.

Eine zweite dunkle Gestalt kann ich jetzt mehr links erkennen. Vielleicht sind es auch zwei Bachen. Doch welches eine Bache, welches ein Überläufer ist, das vermag ich in dem ungewissen Licht und zwischen den dichten Stengeln unmöglich zu entscheiden. Das zuletzt entdeckte Stück kommt auf mich zu, biegt nach links ab und zieht auf drei Meter an mir vorbei, ein dunkler Fleck ohne Umrisse. Aus der Hüfte könnte ich nun mitten drauf halten. Was wäre wohl schwieriger, die große Scheibe oder ein Frischling? Endlich wuselt auch ein Frischling über die freie Fläche. An ihrem Rand verhält ein zweiter. Ein dritter kommt hinzu. Entsichert habe ich schon. Der Drilling geht hoch. Doch durch das Zielfernrohr ist auf die Nähe nichts zu erkennen. Bei ähnlichen Gelegenheiten habe ich schon mehrfach durch die Tunnelmontage geschossen. Dafür ist es aber noch zu dunkel. Ich sehe links am Lauf entlang. Der eine Frischling ist noch da. Wieder versuche ich, ihn ins Glas zu bringen, es gelingt nicht. Dreimal, viermal setze ich ab und visiere von neuem. Hubertus hilf! das Zielglas muß herunter! und trotz fliegender Hände bringe ich es fertig, das Glas lautlos abzunehmen. So, jetzt kann ich wenigstens mit dem sichtbaren Korn auf meinen Frischling deuten.

Der Knall wirkt wie ein Zauberwort. Wie Schiffe durch die Wellen pflügen viele Körper durch die aufrauschenden Getreidewogen. Rechts flüchten in wilder Fahrt zwei stärkere Überläufer über die Wiese. Weiter hinten höre ich das laute Blasen der Bache. Doch was ist mit meinem Frischling? Schnell springe ich die paar Meter vor und gerate dabei in die kopflose Flucht eines anderen Frischlings, der mir mit solcher Wucht gegen das rechte Schienbein stößt, daß ich beinahe umgekippt wäre. Hätte der Kleine statt dreißig Pfund schon einen Zentner gehabt, dann hätte ich mich wohl kaum noch auf den Beinen halten können. Zugleich sehe ich aber auch den beschossenen Frischling schlegelnd in den letzten Zuckungen liegen. Auf einen weiteren über die Wiese flitzenden Frischling riskiere ich noch einen Schuß mit der Brenneke. Doch der geht vorbei.

Ein paar Sekunden sind seit meinem ersten Schuß vergangen. Die Fluchtgeräusche verlieren sich über der Wiese im Hochwald und am oberen Talende in der Dickung. Ich bücke mich zu meiner Beute hinunter. Ironie des Zufalls: Seit Jahren ist ein starker Keiler mein Traum. Und dieser weibliche Frischling ist bei den elf zuletzt erlegten Sauen das zehnte weibliche Stück.

Etwas mehr als fünfundzwanzig Pfund mag er haben. Sicher könnte man mit einer erlegten Bache mehr Wildschaden begleichen. Doch mein schlechtes Gewissen wäre weitaus belastender als der materielle Gewinn.

Rauschzeit

Gestern hatten wir gehofft, wir hätten die Sauen fest. Sage und schreibe 27 Stück konnte ein erschrockener Spaziergänger zählen, der am späten Vormittag fast in die Rotte hineingelaufen wäre, ohne daß sie ihn bemerkten. Dabei war während des ganzen Herbstes keine Sau zu spüren gewesen.
Aufs Geratewohl hatten wir mit sieben Schützen den ganzen Höhrain als vermeintlichen Tageseinstand der Rotte abgestellt und gewartet, bis die beiden Treiber samt dem Drahthaar und den zwei Teckeln durch waren. Aber außer zahlreichen Rehen war nichts vorgekommen, und die waren allein schon ein Beweis, daß die Sauen sich hier nicht gesteckt hatten, denn eine so große und grobe Nachbarschaft vergrämt das Rehwild. Die dünne und vielfach unterbrochene Schneedecke ließ kein zuverlässiges Abfährten zu, und der Zufall hilft doch nur ausnahmsweise.
So hatte ich mich heute zum „zigsten" Male der alten Ricke mit dem schwachen Geißkitz gewidmet, ohne daß ich mehr als in den vergangenen Tagen erreicht hätte. Bis sie, von der Jungbuchendickung am Sommerrain kommend, von mir ausgemacht werden konnten, standen sie schon fast auf dem Grenzweg, und dann waren beide, unter völliger Mißachtung der einladenden Wasserlochwiese, über die Grenze auf die junge Saat gezogen. Sollte man nicht eigentlich den Jagdnachbarn verständigen, nachdem hier wie dort genug gesundes Rehwild sterben mußte, nur um den Abschußplan zu erfüllen?
Jetzt aber war noch Zeit, sich den Sauen zu widmen. Es war Rauschzeit, und da ist alles möglich. Die starke Rotte konnte ebensogut noch in einem anderen Revierteil stecken, wie sie auch schon drei Reviere weitergewechselt sein konnte. Schon bei der Abfahrt hatte ich meiner besseren Hälfte zugerufen, es könne später werden, ich wolle noch nach den Sauen sehen.
So stand ich in der letzten Dämmerung des sinkenden Tages zusammen mit dem Hund auf dem Kreuzweg oberhalb der „Sausuhle", einem großen Dickungschlag, der stellenweise schon Stangenholzcharakter angenommen hat und stets, wie ja auch der Name besagt, bevorzugter Wechsel und Einstand des Schwarzwildes war. Mitte Dezember und

gegen 17 Uhr, hätte es eigentlich in wenigen Minuten dunkel sein müssen, aber der zunehmende Mond und der mehr weiß überzuckerte als verschneite Waldboden ließen eine recht gute Sicht zu, die sich noch verbesserte und die Dämmerung aus dem dunklen Stangenholz wieder vertrieb, als der Mond am wolkenlosen Himmel langsam höher stieg. Nur bitter kalt war es, und leises Pürschen war im hartgefrorenen Laub unmöglich. Doch dieser Nachteil betraf das Wild so gut wie mich.
Allmählich kroch mir der Frost von den Fußspitzen her langsam die Beine hoch, und Nase und Ohren wurden klamm. Dem Kleinen Münsterländer an meiner Seite schien das wenig auszumachen. Trotzdem hätte ich ihn lieber im Auto gesehen, denn sein überschäumendes Temperament konnte mir leicht einen Streich spielen. Wenn er sich auch bei Rehwild und Hasen ruhig verhielt, so wußte ich nicht, wie er auf Sauen reagieren würde, zumal er erst ein einziges Mal bei einer Schweißarbeit an ein Stück Schwarzwild gekommen war, und dieses war bereits verendet gewesen. Doch zum weit entfernten Auto war der Weg zu lang, und außerdem war meine Hoffnung auf die Sauen auch nicht allzu hoch eingestellt.
Ein einziger Ton ist es dann, der meine schon halbstündige Wartezeit jäh unterbricht. Das war doch einwandfrei der Klagelaut eines Stückes Schwarzwild, der da mein Ohr wie ein Schlag getroffen hat. Nicht von der Dickung her, sondern aus der Richtung „Unterer Bruch" scheint das gekommen zu sein. Mit offenem Munde, um das geringste Geräusch aufnehmen zu können, lausche ich in den schweigenden Winterwald. Da – Tritte im gefrorenen Laub! – Gleich danach enttäuschte Entspannung: Ein Reh, das hinter mir von der Sausuhle nach dem Höhrain hinüberwechselt. Weitere zehn Minuten vergehen. Stocksteif gefroren bin ich bereits, und ich beginne schon zu überlegen, ob dieser Laut vorhin Wirklichkeit war oder Wunschtraum. Doch dann, fernes, leises Geräusch von Tritten. Das könnte von der großen Kulturfläche herkommen. Also los! – Bewegung muß ich mir sowieso machen, sonst erstarre ich noch vollständig.
Auf dem festen Weg komme ich ohne großen Lärm voran. Schon nach zweihundert Metern vernehme ich Laute, die zweifelsfrei von Schwarzwild herrühren und mein Herz schneller schlagen lassen. Als sich rechts von mir die Fichtenkultur öffnet, trifft mich zugleich wieder schriller Klagelaut, höre ich krachendes Durchbrechen der Schalen im

Laub, Rauschen und Knacken, Grunzen und Schnarchen, dazwischen leiseres Quieken einiger Frischlinge. So deutlich ist das alles, daß es gar nicht weit entfernt sein kann. Doch vergeblich versuche ich, mit dem Glas zwischen den Jungfichten einen schwarzen, sich bewegenden Wildkörper auszumachen. Dabei wird der Lärm ständig lauter und wilder. Schwere Körper jagen einander durch den hier dicker liegenden, verharschten Schnee. Klagen, zorniges Blasen und Schnarchen, daneben zufriedenes Grunzen, und immer noch keine Borste zu sehen. Es ist direkt gespenstig.
Hinter der Kulturfläche erhebt sich ein felsübersäter Kopf mit einer übermannshohen Kieferndickung, deren Gatter teilweise schon verfallen ist. Dort muß die ganze Rotte stecken. Aber auch im links unten anschließenden Buchenaltholz vernehme ich jetzt Geräusche von Sauen. Vorsichtig mache ich den ersten Schritt in den krachenden Schnee zwischen den meterhohen Jungfichten. Pause!
Haben die Sauen das vernommen? Keine Sorge, der Lärm geht weiter. Zwei weitere Schritte, laut hallend. Dann nach kurzem Zaudern gleich zehn Meter weiter. Selbst ein Schwerhöriger hätte meine Schritte noch auf hundert Meter vernommen. Aber die Sauen nehmen keine Notiz von mir. Es ist halt Rauschzeit, und der Wind steht günstig. Zudem übertönt der Lärm der Sauen jedes andere Geräusch. Bis mitten in die Kultur wage ich mich noch vor. Dann stelle ich fest, daß die Rotte langsam von mir wegzieht. Der Hund hat sich bis jetzt mustergültig verhalten. Ganz gespannte Aufmerksamkeit, die Rückenhaare etwas gesträubt, bleibt er mir am linken Fuß.
Doch wohin bewegt sich der leiser werdende und allmählich verebbende Radau? Das ist doch die Richtung nach der Sausuhle, von der ich gerade komme. Also kehrt, und im Laufschritt zurück! Vielleicht kann ich noch vor der Rotte am Kreuzweg sein. Dann könnte ich sie beim Überqueren des Weges erwischen.
Bis ich aber außer Atem dort angelangt bin, wo ich vorher drei Viertelstunden auf einem Fleck verharrte, verläuft bereits zwanzig Meter neben meinem Warteplatz ein dunkles Band durch den Schnee, das den Weg der Rotte kennzeichnet, die jetzt im oberen Teil der Dickung in den jungen Lärchen herumtobt. Vermutlich zieht sie durch die Sausuhle nach dem unterhalb liegenden Buchenaltholz, in dem sie in den letzten Nächten schon stark gebrochen hat. Benutze ich den Längs-

weg, der sich hier mit dem oberen Querweg kreuzt, dann kann ich die Sauen wahrscheinlich überholen und im Hochwald erwarten. Jedoch bekommen sie dann unweigerlich von mir Wind, und das genügt normalerweise, um auch die stärkste Rotte in Sekundenschnelle über alle Berge zu bringen. Andererseits wäre der Umweg um die ganze Dikkung zu lang und zu zeitraubend, um vor den Sauen im Altholz zu sein. Wer weiß, ob ich sie dann noch mal finde?

Auf gut Glück eile ich den Längsweg hinunter, hoffend, daß die jungen Randfichten den Wind mit meiner Witterung hochheben. Außerdem steht die Rotte jetzt tiefer als ich mit dem Hund auf dem Weg. Schon vernehme ich die jetzt weit auseinandergezogenen Sauen neben mir. Dem ständigen Klagen zufolge, das an verschiedenen Stellen fortwährend neu laut wird, müssen mehrere Keiler die Bachen bedrängen. Auf das Geräusch, das ich im hartgefrorenen Schnee verursache, nehme ich überhaupt keine Rücksicht mehr. Gerade als ich aufatmen will, weil ich annehme, an der Rotte vorbeizusein, kommen tappende Schritte direkt auf mich zu. Mit entsichertem Drilling drücke ich mich in den Rand der Dickung. Vielleicht zieht ein Überläufer oder Frischling auf den Weg heraus.

Näher und näher kommen die Tritte. Noch zehn Meter, noch fünf, noch drei, noch zwei, fast vor meinen Füßen kommt eine Randfichte ins Schwanken, an deren Wurzel die Sau bricht. Ein tiefes, kehliges Knurren erinnert mich erst wieder an den Hund. Aber da ist es auch schon zu spät. Mit wildem Aufjaulen springt er in den Riemen und will zupacken. Ein scharfes Blasen, flüchtige Schalen von mehreren Sauen, die sich schnell entfernen. Aus und vorbei!

So dachte ich wenigstens. Doch die Rauschzeit verrückt nun mal die normalen Maßstäbe. Zwar läßt der Lärm für kurze Zeit nach, denn die nächsten Sauen müßten mehr als „berauscht" gewesen sein, wenn sie die Gefahr nicht erkannt hätten. Trotzdem stören sich die weiter entfernten Stücke nicht daran, nehmen das Jaulen des Hundes wohl gar für das Klagen einer Bache . . . Immerhin muß ich feststellen, daß die Tritte leiser werden und sich wieder nach dem oberen Querweg entfernen. Dieses Mal muß ich aber vor ihnen da sein.

Was die langen Beine hergeben, renne ich den Längsweg zurück und komme auf die Kreuzung, als es in der Dickung noch kracht und bricht. Der Querweg ist leer. Aber mein Rekordsprint scheint auch nicht unbemerkt geblieben zu sein. Zwar vernehme ich gar nicht weit rechts in den verschneiten jungen Lärchen noch Bewegung. Doch der Großteil der Rotte verhält anscheinend und sichert. Oder sollten sie schon über den Weg sein? Denn auch von da vernehme ich einen einzelnen schweren Tritt. Und der kommt zurück. War die führende Bache schon über dem Weg, oder stößt ein Stück erst zur Rotte?

Angespannt starre ich auf das weiße Band des Weges vor mir, das Dikkung und Stangenholz trennt. Dann wird es fünfzig Schritte vor mir auf dem Weg plötzlich schwarz. Ein dunkler Kasten steht dort breit und still wie eine Schießscheibe und sichert mit aufgestellten Tellern zu mir her. Fieberhaft versuche ich, im Zielfernrohr wahrzunehmen, ob Bache oder Keiler. Unmöglich, das zu erkennen. Nachdem die starke Sau aber so alleine von links kam, ist das höchstwahrscheinlich keine Bache. Ich entschließe mich zum Schuß, denn lange bleibt diese Scheibe sicher nicht mehr so stehen. Mitten drauf der Zielstachel, als der rechte Daumen die Sicherung am Drilling sucht, um sie nach unten zu drücken. Den rechten Handschuh habe ich schon die ganze Zeit in der Tasche. Deshalb habe ich auch in der steifgefrorenen Hand kein Gefühl und keine Kontrolle mehr und muß einen Blick auf den Drilling werfen. Bis ich dann wieder durchs Zielglas visiere, ist der Weg leer und die Sau in der Dickung. Das war wohl doch ein Keiler; denn nun wird es da drinnen wieder laut. So, als sei nichts gewesen, geht der Spektakel wieder los. Entmutigt bin ich einen Augenblick versucht, das Spiel aufzugeben. Doch nein! Wer weiß, wann ich wieder mal Gelegenheit bekomme, mich mit dem begehrten Schwarzwild auf so nahe Tuchfühlung zu messen. Noch ist ja nichts verloren. Habe ich mich nicht schon einmal mitten in eine Rotte hineingestohlen und mir einen Frischling herausgeholt?

Um dem ungünstigen Wind zu entgehen, versuche ich es jetzt in der anderen Richtung. Erst muß ich jedoch den Hund beruhigen, der ziemlich aufgeregt ist und erst nach einem energischen Ruck wieder folgsam bei Fuß bleibt. Dann pürsche ich den Querweg vor, biege nach rechts in den nächsten Längsweg und versuche nach hundertfünfzig Metern auf dem total verwachsenen Abfuhrweg, der kaum noch zu erkennen ist und dort rechtwinklig in die Dickung führt, gegen den Wind in die Rotte hineinzustoßen.

Vor mir habe ich jetzt wieder ganz nahe das Geräusch der Sauen. Doch

Oben: Keiler im Schnee; Unten: Bache mit Frischlingen ▶

es weicht vor mir zurück und verzieht sich gleichzeitig nach unten wieder in Richtung auf das Buchenaltholz. Kurz entschlossen durchquere ich die ganze Dickung und pürsche auf dem ersten Längsweg hinter der Rotte her.

Die Bezeichnung „Pürschen“ für meine Gangart ist auf dem verharschten Schnee zwar eine maßlose Übertreibung, aber ich versuche es wenigstens und bemühe mich, nicht mehr Lärm als unbedingt notwendig zu verursachen. Dadurch kann ich aber mit dem Wild nicht Schritt halten. Als ich das Ende der Dickung erreiche, sind die Sauen zum größten Teil schon im Hochwald. Dort ist endlich Sicht, und ich kann einige Nachzügler auf siebzig bis achtzig Meter schemenhaft im durch aufkommende Wolken verschleierten, milchigen Mondlicht noch erkennen. Anstatt, wie vermutet, jetzt im Fallaub zu brechen, zieht die Rotte aber recht flott von mir weg. Schon verliert sich das Getrappel mehr und mehr.

Jetzt setze ich alles auf eine Karte und laufe den Sauen im Hochwald im Laufschritt nach. Das ist so unglaublich, daß ich anfange, an den Sinnen dieser Sauen zu zweifeln. Aber eine ähnliche Situation dürfte wohl auch dem Schwarzwild im nächtlichen Wald noch nicht passiert sein. Meine Vermessenheit scheint aber jetzt auch den Sauen zu dumm zu werden. Als ich die letzten Stücke wie huschende Schatten erkenne, da höre ich mehr, als daß ich es sehe, wie die geschlossene Rotte kehrt macht und im spitzen Winkel teils zurückflüchtet, teils trollt. Für Augenblicke kann ich zwischen den Stämmen grauschwarze fliehende Gestalten erkennen. Dem Ohr zufolge nehmen sie das Stangenholz am Höhrain an. Dort beginnt wieder ein Blasen und Klagen, als sei dort der Schlachthof und nicht ein Stück nächtlichen Winterwaldes. Wäre ich abergläubisch, könnte ich annehmen, der alte Rodensteiner, der Sagenheld der nicht weit entfernten Ruine, ginge wieder um.

Jetzt scheint auch noch bei dem Hund der Faden gerissen zu sein. Dauernd jault er vor Jagdbegierde, und als ich ihm den Fang zuhalte, gibt er Töne von sich, die einen Stein erweichen könnten und laut durch den nächtlichen Forst schallen. Um die schauerlichen Töne zu überstimmen, schrecke ich dazu wie ein Bock im Stimmbruch, und all das macht auf die Sauen nicht den geringsten Eindruck.

Nun aber bin ich das Spiel endlich müde, lege meinen Hund samt Rucksack an einer dicken Buche ab und entschließe mich, so oder so

◀ *Sichernder, junger Gamsbock*

Schluß zu machen. Mein Jagdfieber ist durch das dauernde Hin und Her so überstrapaziert, daß ich es schon längst nicht mehr spüre. Das Ganze ist so unwirklich, daß ich mir fast einen Zeugen wünsche, der bestätigt, daß das Wahrheit ist und kein Traum.

Wie war das doch damals, keine zweihundert Meter von hier entfernt, vor ungefähr zehn Jahren mit der Sau, die mir am unteren Rand der Sausuhle kam? Ende Mai, Anfang Juni war's, und einen Nachbarsjungen, der heute ein tüchtiger Jäger ist, hatte ich noch neben mir sitzen. Da schob sich im letzten Sonnenschein ein stärkeres Stück Schwarzwild durch den Buchenjungwuchs und das ebenso hohe Gras links neben mir aus der Dickung. „Schießen!" flüsterte Georg aufgeregt neben mir. „Weißt du denn, ob das keine Bache ist, die vor kurzem gefrischt hat?" flüsterte ich zurück. „Wart ab, bis das Stück im Freien steht!" Noch einen Augenblick angespannter Erwartung, dann kam die Sau an meine im hohen Gras noch sichtbare Fußspur, von der aus ich eine Viertelstunde vorher den Hochsitz erreicht hatte. „Wuff" – und weg war sie. Noch zweimal wiederholte sich der gleiche Vorgang, dann blieb sie verschwunden, und ich weiß heute noch nicht, ob ich damals nicht einen Keiler verpaßte.

Jetzt aber müssen die Sauen mit Blindheit, Taubheit und Witterungsverlust geschlagen sein. Gleich hinter ihnen springe, rutsche und gleite ich den Hang hinunter auf den Höhrainweg und folge parallel ihrem lauten Treiben. Doch da kommen sie ja schon wieder zurück. Bis auf zehn, fünfzehn Meter habe ich sie wieder neben mir. Auf dem Weg kniend und liegend versuche ich, unter den dichteren Randästen hindurch ein Stück zu erspähen. Aber der Himmel hat sich weiter bedeckt, und bis auf mehr erahnte als erkannte Bewegungen kann ich nichts ausmachen. Also geduckt auf dem tiefer liegenden Weg zurück zum Rand des Hochwaldes.

Da sind aber auch die vordersten Stücke schon draußen und trollen unbeeindruckt gerade über meine höchstens fünf Minuten alte im Schnee gut sichtbare Spur. Mir zunächst auf zwanzig Meter kommen zwei Frischlinge im scharfen Troll. Den einen habe ich im Zielfernrohr, komme aber für einen sicheren Schuß nicht schnell genug mit. Hinter und fast neben mir wieder lautes Aufklagen. Dann ein starkes Stück allein und gemächlich. Sicher eine Bache. Gleich dahinter wieder schneller ein Überläufer. Hoch auf dem Blatt steht der Zielstachel. Einen Gedanken

lang ziehe ich mit, dann ist der Schuß draußen, dessen Mündungsfeuer mich blendet und der gleich einem Zauberwort einen Riesentumult auslöst.
Oberhalb des Weges, unterhalb, vor mir, neben mir, hinter mir empörtes Blasen und Schnarchen. Um mich herum flitzen die Sauen in das Stangenholz zurück. Einem Frischling werfe ich, ohne zu zielen auf fünf Meter noch einen Schuß mit der Brenneke nach, weiß sofort, daß er zu kurz war, und dann ist ganz plötzlich alles still. Ich schaue gewohnheitsgemäß auf die Uhr. Es ist zwanzig Minuten vor zwanzig Uhr.
Genauso unwirklich wie vorhin der Lärm ist jetzt diese völlige Stille. Über zweieinhalb Stunden sind vergangen, seit ich den ersten Laut hörte. Und was ist mit meinem Überläufer? Zu sehen ist nichts. Sollte der Schuß vorbeigegangen sein?
Mühsam klettere ich die recht steile Böschung hinauf, nicht ohne mehrere Male wieder herunterzurutschen. Noch einige zwanzig Schritte weiter, dann sehe ich den dunklen Klumpen neben einem kleinen Reisighaufen und knie bei ihm nieder. Ein überlaufendes Keilerchen. So 80 bis 90 Pfund schätze ich ihn. Die Kugel sitzt weiter vorn als vorgesehen und hat ihn hoch hinter dem Teller erwischt, sein Leben somit blitzschnell ausgelöscht.
Nach einer verdienten, als Rauchopfer dargebrachten Zigarette hole ich den Hund und lasse ihn die Sau rupfen, was er so ausgiebig besorgt, daß er sie den Abhang hinunter auf den Weg zieht.
Dann aber löse ich dem Keilerchen schnell das Kurzwildpret heraus, denn es ist Rauschzeit, und die hat ihre eigenen Gesetze.

Beinahe ein Keiler

Es war an einem 2. Januar und ist schon einige Jahre her, aber mir ist das Ganze noch so gegenwärtig, als sei es erst gestern gewesen.
Wieder einmal war ich zu einem Treiben auf Fuchs und Sauen eingeladen. Mit hochgespannten Erwartungen und dementsprechend großer Enttäuschung waren die drei ersten Treiben verlaufen. Sauen waren nicht vorgekommen. Da kein Schnee lag, war eben alles vom Zufall abhängig. Der „Lange Berg" im Staatsforst war die letzte Dickung, die noch Erfolg versprach. Welcher passionierte Jäger hofft nicht beim Anstellen, daß gerade er den Stand bekommt, an dem die Sauen die Schützenkette durchbrechen? So war ich recht enttäuscht, als ich von dem anstellenden Forstbeamten auf den Hangweg gerade vor eine Bergnase gestellt wurde, die recht steil anstieg, einen guten Einblick auf die Nachbarstände gewährte, mir selbst in dem lichten Buchenaltholz aber jegliche Sicht auf den Rand der oben verlaufenden Dickung verwehrte. Hier war mit Sauen sicher nicht zu rechnen.
Eigentlich war ich sowieso mehr auf einen Fuchs eingestellt. Es gibt nun mal so etwas wie einen sechsten Sinn, dessen Urheber zwar meist der Wunsch ist, der aber dann, wenn die leise Ahnung zufällig mal nicht trog, gleich als unfehlbar angesehen wird. Und warum auch nicht daran glauben, wenn es nicht schadet und ein wenig Aberglaube so gut zur Romantik der Jägerseele paßt? Mir jedenfalls signalisierte mein sechster Sinn, daß hier mit einem Fuchs zu rechnen wäre, und so steckte ich statt der „Brenneke" eine Schrotpartone in den rechten Lauf des Drillings, um damit für alle Gelegenheiten gerüstet zu sein.
Und außerdem behielt der sechste Sinn wieder mal recht, denn der Fuchs kam, kaum daß angeblasen war, und es war ein kapitaler Fuchs, der da hochflüchtig mit gestreckter Lunte durch das Altholz fegte. Nur war er für mich wegen der ungünstigen Lage meines Standes erst zu sehen, als er schon im Bereich des Forstmeisters zu meiner Linken war, und dem vor die Nase zu schießen wäre eine Unverschämtheit gewesen. So rettete der Fuchs mit schnellen Fluchten seinen Balg, denn der Forstmeister hatte nur die Büchse dabei und verzichtete lieber auf den Kugelfuchs, als einen leicht möglichen Fehlschuß zu riskieren. Ebenso

denkbar wäre, daß er wegen der Sauen den Schuß im Lauf behielt, obwohl ich mehrfach erleben konnte, daß sich Sauen durch den Knall des Schusses allein nicht aus der Richtung bringen ließen und trotz des vorher erlegten Fuchses oder sogar eines schon gestreckten Stückes Schwarzwild auf demselben Wechsel kamen.
Dann geschah lange Zeit gar nichts. – Die Treiber waren auf der anderen Seite des Bergrückens noch nicht zu vernehmen. Rauchend saß ich auf meinem Jagdstühlchen und schimpfte innerlich auf den blöden Stand, der mich um den erhofften Fuchs gebracht hatte. Doch das hielt nicht lange vor. Zwei Rehe, Ricke und Bockkitz, nahmen meine Aufmerksamkeit in Anspruch. Unschlüssig standen sie oben am Hang. Ohne die Menschen bemerkt zu haben, trollten sie nach der Dickung zurück. Ein Trupp Meisen schwirrte von rechts her vorüber. Der laute Pfiff eines Kleibers ließ sich zwei-, dreimal vernehmen. Sonst nichts! – Erst nach einiger Zeit ganz von fern die ersten Rufe der Treiber, gleichmäßig und ein wenig eintönig. Dann aber ganz plötzlich anschwellend laute, erregte Stimmen, aus denen eindeutig die Worte „Sau, Sau" zu vernehmen waren.
Nun stand ich mit entsichertem Drilling vor der mir als Rückenlehne dienenden Buche. Auch mein linker Nachbar und meine rechte Nachbarin, eine durch ihre Treffsicherheit und Schlagfertigkeit gleichermaßen bekannte ältere Jägerin, hatten sich erhoben und beobachteten gespannt den von mir nicht einzusehenden Rand der Dickung. Nur wenige Sekunden waren seit der Aufregung der Treiber vergangen, da hob meine Nachbarin die Büchse, setzte wieder ab, bückte sich spähend nach rechts, hob noch einmal das Gewehr und zuckte dann resignierend mit den Schultern. Im selben Augenblick fiel weiter rechts ein Schuß, ein zweiter und dritter fast gleichzeitig, schließlich noch drei oder vier Schüsse weiter entfernt, dann wieder Ruhe.
Ohne eine Borste gesehen zu haben, konnte ich mir den Ablauf des Geschehens erklären. Dort hinter der Ecke des Hangweges hatten die Sauen soeben die schützende Dickung verlassen, und da keine Hunde im Treiben waren, die Rotte also sicher nicht gesprengt war, kamen alle Schwarzkittel vor einen, höchstens vor zwei Schützen. Da sich Sauen auf ihrem einmal gewählten Fluchtweg aber durch noch so wildes Schießen nicht aus der Richtung bringen lassen, war die Jagd jetzt wahrscheinlich vorbei. Bedauernd setzte ich mich wieder auf mein

Stühlchen und wartete auf das Ende des Treibens. Auch der Forstmeister winkte ab und schien meine Gedanken zu teilen.
Doch wir hatten uns beide geirrt. Wohl fünf Minuten mochten seit dem ersten Schuß vergangen sein, da fielen gegenüber meinem Stand auf der anderen Seite des Treibens kurz hintereinander zwei Schüsse. Dann dauerte es wieder nur Sekunden, bis meine beiden Nachbarn in höchster Spannung schußbereit auf ihren Platz standen und wie gebannt nach der Dickung starrten. Ich selbst vernahm zuerst nur die flüchtig im Laub hämmernden Schalen, die sich schnell näherten, bis ich endlich den Überläufer ins Gesichtsfeld bekam. Ausgerechnet den vor mir liegenden steilen Hang hatte er sich als Fluchtweg gesucht, um zwischen mir und meiner Nachbarin das Weite zu suchen.
„Mitschwingen und vorhalten!" Das war der einzige Gedanke, der mich beherrschte; denn es war noch keine vierzehn Tage her, daß ich einer flüchtigen Sau auf mittlere Entfernung sauber auf dem Blatt abkam und sie trotzdem glatt hinterschoß. Während dieser Überlegung, die unbewußt den vorher schon gefaßten Vorsatz wiederholte, war die Sau auf fünfzig Schritte nahegekommen. Das Korn des Drillings hatte sie gefaßt, fuhr vor bis zum Gebrech und schwang dort mit, bis der Schuß brach. Im Knall ging der Überläufer über Kopf, überschlug sich an dem steilen Hang zweimal, dreimal, um dann rutschend und schlegelnd in eine kleine Mulde oberhalb des Weges zu stürzen.
Donnerwetter, das hatte aber gepaßt! – „Waidmannsheil", rief mir meine Nachbarin zu, und auch der Forstmeister nickte anerkennend mit dem Kopfe.
Doch es ging noch weiter. – Während ich noch den jetzt bewegungslosen Überläufer beobachtete, den die Kugel hinter dem Teller gefaßt hatte, schob ich auch schon eine neue Patrone in den Kugellauf. Das war keinen Augenblick zu früh, denn schon wieder vernahm ich schnelle Fluchten im Laub. Der zweite Überläufer kam, dieses Mal allerdings mehr von links, so daß ich ihn früher sehen konnte. Dafür ließ ich mir auch mehr Zeit zum Mitfahren, und da ertönte auch schon das „Achtung!" meiner Nachbarin, die anscheinend annahm, ich würde erst schießen, wenn die Sau zwischen uns wäre. „Laß ihr den Schuß!", fuhr es mir durch den Kopf. Vielleicht hatte sie auch deshalb gerufen; denn das starke Stück Schwarzwild hatte jetzt mehr die Richtung nach ihr hin, und an eine gegenseitige Gefährdung war noch nicht zu den-

ken. So setzte ich den Drilling wieder ab, und als der Überläufer zwischen uns durch war, fiel ihr Schuß, nicht aber die Sau. Mit der Brenneke donnerte ich noch hinterher, aber mein Schuß ging ebenfalls vorbei. Weshalb ich trotz der größeren Entfernung die Brenneke und nicht die Kugel genommen hatte, ist mir heute noch schleierhaft.
Doch zum Nachdenken blieb mir auch jetzt keine Zeit. Noch sah ich der zwischen den Buchenstämmen verschwindenden Sau nach, da rief der Forstmeister aufgeregt: „Achtung – aufpassen!" Meine Nachbarin war schon wieder im Anschlag, und der übernächste Schütze links, den ich auch noch sehen konnte, fuchtelte mit beiden Händen beschwörend in der Luft herum.
Was war eigentlich los? – Nur um etwas zu tun, stach ich das Schloß des Kugellaufes ein. Dafür könnte ich mich noch heute ohrfeigen. Schon krachte bei meiner Nachbarin ein Schuß, und gleichzeitig rief sie triumphierend: „Getroffen!" Jetzt endlich erblickte auch ich den Grund dieser Aufregung, einen Keiler, der für unsere Verhältnisse durchaus als stark zu bezeichnen war und der wie die wahrhaftige Verkörperung meiner Träume genau spitz auf mich zu flüchtete. Der Ruf der Jägerin schien seine Berechtigung zu haben, denn der Keiler war nicht sehr schnell. Allerdings hatte er sich auch die steilste Stelle ausgesucht, bog kurz vor mir etwas ab und flüchtete auf acht bis zehn Schritte breit an mir vorbei. Bestimmt war ich nicht aufgeregt, denn dazu war alles viel zu schnell gegangen, und das Jagdfieber stellt sich bei mir oft erst nach dem Schuß ein. Keinen Augenblick zu früh hob ich den Drilling. Jetzt war der Augenblick gekommen, den es eiskalt zu nützen galt. Schon lag der Drückefinger am Abzug, als ich den Lauf hob. Das heißt, ich wollte den Lauf heben, doch in meine erste Bewegung hinein krachte der Schuß, der zwei Meter vor mir das Laub wegfegte und den schwarzen Waldboden zum Vorschein brachte.
Was nützte mein entgeistertes Gesicht, was halfen die beschwörenden Zurufe meiner Nachbarin? Mein letzter Schuß war draußen, und der Keiler verschwand ins Tal. – Wie schon erwähnt, hatte ich beim Anbacken bereits den Finger am Abzug; das sehr weich eingestellte Stechschloß hatte dann den Schuß ausgelöst. Wir folgten der im Laub gut sichtbaren Fährte des Keilers noch bis ins Nachbarrevier. Der Keiler war gesund, daran bestand kein Zweifel. Meine Nachbarin hatte sich geirrt und ebenfalls gefehlt.

Selten bekam ich so viele gute Ratschläge wie bei dem anschließenden denkwürdigen Schüsseltreiben. Der Flachs blühte, und von den vielen mehr oder weniger geistreichen Unterstellungen war die, daß ich den Keiler nur erschrecken wollte, um die bei seiner Erlegung fällige Runde Steinhäger zu sparen, noch die mildeste.

Was tut's? Was wäre die Jagd ohne Fehlschläge und Überraschungen? – Neben meinem Überläufer waren noch zwei weitere zur Strecke gekommen. Wenn ich heute zurückdenke, wie hart es war, bis diese drei Sauen totgetrunken waren, dann kann ich nur sagen: „Ein Glück, daß der Keiler nicht noch dabei war."

Ein Manneswort

Nun war es so weit! – Am 31. 3. lief die Jagd ab, und ich machte meinen letzten Gang durch das mir in acht Jahren ans Herz gewachsene Revier. So lange war es her, seit mich der verstorbene Freund und Jagdherr zum ersten Male mitgenommen und mir einen Jagderlaubnisschein gegeben hatte.
Damals war eigentlich die schönste Zeit, als jeder Pirschgang noch zugleich Entdeckung eines Stückes Neuland war.
Stimmt das? Oder waren nicht doch die letzten Jahre noch reicher, weil jede stille Ecke, jeder lauschige Winkel, jeder Baum und Strauch, jeder Einstand und Wechsel bekannt und vertraut?
Fast wäre ich wieder umgekehrt. Wehmut überkam mich. Unter der alten Eiche am Streithain, in deren Wipfel der alte Hochsitz wie ein Mastkorb „horstete", stand ich und gedachte der Stunden, die ich einsam dort oben verbracht und erlebt. Keine Stunde gibt es bei Tag und bei Nacht, zu der ich hier nicht schon gewacht und geträumt, beobachtet und gelauert, geplant und verworfen, gejubelt und gebangt hatte. Wieviel Freude allein über die drei hier erlegten abnormen Böcke. Welche Enttäuschung über den im Sommer oft geschonten starken Fuchs, der trotz stundenlanger Ansitze im Winter nie zu fassen war. Ein Schmunzeln bei der Erinnerung an die von der Kulturarbeit kommenden Waldarbeiterinnen und ihre ungewollt belauschte Unterhaltung.
Und so ging es weiter. Dort an der Feldecke die Stelle, wo der Teckel den kranken Hasen aus der Hecke zog. In der Brunnenstube der große Acker, dessen Kartoffeln ich einige Nächte bewachte, bis ich dann in der Dunkelheit den Frischling vorbeischoß. Weiter unten der Waldeinschnitt, wo ich an einem 16. Oktober meine erste Sau im Revier erlegte. Dort am Mittelberg die alte Ricke, die immer nach Aufgang der Jagd spurlos verschwunden war, um im Frühjahr wieder aufzutauchen. Daneben die große Eckertswiese, an der trotz zahlloser Beobachtungen fast nie ein Schuß gefallen war. Warum eigentlich? – Das fiel mir erst jetzt auf. Der Knopfbock an der Müllerswiese, der starke Dachs vom Hartmannsgarten, die auf die Quäke zustehenden Füchse im Beerling, der im Bauloch so lange vergebens gewaidwerkte Keiler, all das war

plötzlich wieder lebendig. Glied reihte sich an Glied zu der Kette der Erinnerungen, die mich unlösbar mit diesem Fleck Erde verband. Erfolge und Mißerfolge, Freud und Leid, eine ganze Skala von Empfindungen hatte ihre Eindrücke für alle Zeiten in mir hinterlassen.
Und jetzt? – Aus und vorbei!
Immerhin, Jagdgelegenheit würde bleiben. Wohlmeinende Freunde gibt es noch, und an einer großen Strecke lag mir noch nie viel. Doch der wesentlichste Bestandteil meines seitherigen Waidwerks würde fehlen. Als der Freund vor fünf Jahren starb, setzte mich die Witwe als Jagdausübungsberechtigten ein. Und damit erst kam meine wahre jagdliche Erfüllung. Jetzt erst konnte der Jäger in Wahrheit zum Heger werden und nach wenigen Jahren schon die Früchte seiner Bemühungen sehen. Das war ungleich mehr als das Sammeln von Trophäen. In eigener Verantwortung ein Stück Natur anvertraut zu bekommen, sorgen zu dürfen, planen zu können, Schützer zu sein, das war es, was mich am meisten beglückte, was mir in der Zukunft fehlen würde und durch nichts zu ersetzen war.
Unter solchen Gedanken war ich zum Oberwald gekommen. Der Anblick der zahlreich gewordenen Fasanen hatte mich nicht aufgemuntert, der klatschende Balzflug der Tauben nicht erfreut, der prahlende Bastbock ließ mich kalt, und sogar das pausenlos warnende Quarren und Krächzen der Krähen – die mich und den Hund kannten –, und das mich sonst so ärgerte, brachte mich heute nicht in Erregung. Abschiedsstimmung! – Mehr noch! – „Weltuntergang".
Dann stand ich an der Dreiländerecke, und als ich mich auf den Grenzstein setzte, da fiel mir alles wieder ein. –
Dort unten in den drei Fichten, die heute schon übermannshoch sind, hatte ich angesessen. Der alte Bock mit den hohen Stangen beherrschte seit Tagen mein Denken und Handeln. Noch nie war es mir gelungen, den Heimlichtuer bei hellem Tageslicht zu überraschen. Dabei war die Brunft, auf die ich all meine Hoffnungen gesetzt hatte, schon fast vorbei. An jenem Tag sollte der letzte Versuch sein, und auch davon versprach ich mir nicht mehr viel. Daß er seinen Einstand in der bürstendichten Fichtendickung hatte, an deren Rand ich lauerte, das wußte ich bestimmt. Daß er in der Dunkelheit am Oberwaldfeld austrat, auch das war mir bekannt. Nur, wie ihm bei Büchsenlicht beizukommen war, das war mir noch schleierhaft. Auch die Versuche mit dem Blatter

waren bisher alle fehlgeschlagen. Einmal wollte ich es dennoch versuchen.
Lautlos war ich über die Geröllhalde heruntergeturnt. Unsichtbar saß ich zwischen den jungen Fichten, und auch der Wind war günstig und zog leise aber stetig über die Dickung ins lichte Jungbuchengehölz. Nur zwei, drei leise und zarte Fieptöne hatte ich dem Blatter entlockt, und nun wartete ich voll gespannter Aufmerksamkeit auf das Erscheinen des Gesuchten. Doch die nachmittäglich spätsommerliche Hitze brütete lautlos zwischen dem Geäst. Einzig der leise Luftzug bewegte hin und wieder spielerisch die goldnen Sonnenkringel auf der hellbraunen Laubstreu. Sonst keine Regung, kein Laut.
Zwanzig Meter vor mir lief der Grenzgraben schräg vom Dreiländereck herunter. Auch drüben in der Gemarkung durfte ich jagen, war ich jagdausübungsberechtigt. Nur mit der Einschränkung, daß ich auf Wunsch des Mitpächters einer Interessensgrenze zugestimmt und mein Wort gegeben hatte, dort drüben in diesem Revierteil nicht zu jagen. Doch von dort war der Bock sowieso nicht zu erwarten. Links und rechts von mir gähnten zwischen Findlingsblöcken einige Fehlstellen, und wenn überhaupt, dann müßte er dort erscheinen.
Schon zehn Minuten hatte ich vorsichtig den Kopf von links nach rechts gedreht und vergebens auf einen leichten Tritt im Laub, auf einen roten Fleck zwischen den Jungfichten gewartet. Mit Gewalt unterdrückte ich die Versuchung, nochmals den Blatter zu betätigen. Als ich wieder enttäuscht den Kopf nach links wandte, durchzuckte es mich wie ein Schlag. Dort oben zwischen dem Felsgeröll, fast auf dem Markstein des Dreiländerecks stand achtzig Schritte neben mir unbeweglich sichernd der Bock. Nicht aus der Dickung, aus dem oberhalb liegenden Buchenhochwald mußte er heruntergewechselt sein. Ein Denkmal des Waldes, ein Bild aus dem Märchenbuch, so stand er dort, und ich vergaß für einen Augenblick, daß ich seit Wochen hinter ihm her war. Doch dann hob ich sachte den Drilling, um ihn gleich wieder sinken zu lassen. Fast auf der Grenze stand der Bock, und selbst der sichere Blattschuß konnte nicht verhindern, daß er vielleicht noch hundert Meter hinüber raste. Außerdem veränderte er jetzt seinen Standort. Ruhig und gemessen, ohne Hast, leicht und doch wuchtig sprang er über einige Felstrümmer und stand im Grenzgraben, sicherte nochmals nach beiden Seiten und zog dann mit tiefem Haupt den Grenzgraben

herunter auf mich zu. Immer schneller begann mein Herz zu pochen. Gleich mußte er in meinen Wind kommen. Aber nichts dergleichen! – Unbeirrt zog er näher, bog kurz vor mir ein wenig nach links ab und blieb drei Meter über der Grenze scheibenbreit vor meinem Schirm stehen. Lässig wehrte er mit den Lauschern den Fliegen, müde und abgebrunftet schüttelte er das schwere, graue Haupt. Vor sich hindösend blieb er stehen. – Nie im Leben war die Versuchung zu einer jagdlichen Sünde größer. – War's überhaupt eine Sünde? Durfte ich nicht vor dem Gesetz dort drüben jagen? Würde es denn überhaupt ein Mensch merken? Wenn ich jetzt dem Bock die Kugel auf den Hals setzte – keinen Schritt würde er mehr machen, und niemand konnte feststellen, daß er jenseits der Grenze erlegt war, zumal er ja nur ganz knapp drüben stand. Worauf also noch warten? –

Aber da war noch das Wort, das ich gegeben hatte, das Versprechen, diese Grenze, die nur Gemarkungs- und keine Jagdgrenze war, zu respektieren, das Manneswort, das mich mehr band als alle Gesetze und Verordnungen, das Wort, das gerade im Waidwerk, bei dem alle Gesetze wegen der Schwierigkeit der Überwachung mehr oder weniger auf Treu und Glauben aufgebaut sind, noch mehr Bedeutung hat als sonst unter Männern üblich. Wo bliebe die reine, makellose Freude über die Trophäe? Nein! – Den Bock wollte ich zwar haben, jetzt mehr denn je, aber nicht so! – Entschlossen ließ ich den schon erhobenen Drilling wieder sinken. Der Bock schien auf diesen Entschluß nur gewartet zu haben und zog spitz von mir weg in die hinter dem Stangenholz sich fortsetzende Verlängerung der Dickung. Erleichtert erhob ich mich und stahl mich davon.

Noch am selben Abend erlegte ich den Alten mit seinen vierundzwanzig Zentimeter hohen Stangen schon bei starker Dämmerung auf dem Feld am Oberwald, an einer Stelle, an der ich schon unzählige Male auf ihn gepaßt hatte, und die Freude war groß.

Aber daran nicht alleine dachte ich, als ich in dieser Abschiedsstunde dort oben saß. Ein anderes Wort war es noch, das mich nicht zur Ruhe kommen ließ. Um jenes Wort ging es, das mir der Mitpächter bei einer grundsätzlichen Aussprache zu meiner Berufung als Jagdausübungsberechtigter in seiner Wohnung gegeben hatte, und das nicht mehr und nicht weniger besagte, als daß bei Ablauf der Pachtperiode die Verhältnisse so bleiben sollten, wie sie jetzt waren, und er keinesfalls etwas ohne die Mitpächterin und mich unternehmen würde. Das hatte ich geglaubt und für genau so sicher gehalten, wie ich selbst peinlich genau und korrekt meine Verpflichtungen ihm gegenüber eingehalten hatte. So sicher war ich, daß ich – mal ausnahmsweise einige Tage nicht im Revier – über die Nachricht lachte, die einige Bauern mir zukommen ließen, daß der Mitpächter einen Antrag auf vorzeitige Neupachtung gestellt habe. „Nein, das ist ein feiner Mann, das macht der nicht ohne uns!" ließ ich sagen, und die wenigen bei der Verpachtung Anwesenden waren nach Meinung derer, mit denen ich später sprach, selbst der Ansicht, es bliebe alles beim alten.

Nun, ich hatte mich geirrt, und es war eine schmerzliche Erfahrung, wie man sich in Menschen täuschen kann. Inzwischen ist der Schmerz vorbei. Fast tut er mir sogar leid, der feine Mann. Denn: Hat er ein Gewissen, dann konnte die Freude an einer Jagd, die mit einem Wortbruch erhandelt wurde, nicht ungetrübt sein, und er mußte empfinden wie ich, wenn ich über die Grenze geschossen hätte. Hat er aber keines, dann entgeht ihm auch die tiefe Befriedigung und Zufriedenheit, die das Bewußtsein dem verleiht, der überzeugt sein kann, als anständiger Waidmann ehrlich gewaidwerkt zu haben.

Mit dieser Erkenntnis setzte ich meinen Abschiedsgang fort, dankbar für die Stunden, die ich in dem herrlichen Revier verbringen durfte. Auch die Erinnerung ist wertvoll, und sie hat den Vorteil, daß keiner sie uns nehmen kann.

Der Rauschgams

Um Mißverständnissen vorzubeugen, fühle ich mich nach dieser Überschrift zu der Erklärung verpflichtet, daß keineswegs der Gams derjenige war, der einen Rausch hatte, sondern daß . . ., doch davon später! Wer mit Leib und Seele von Kindesbeinen an Wild, Wald, Waidwerk, der Natur und ihren Geschöpfen verfallen ist, für den ist es selbstverständlich, daß er seine Passion auch mit seinem Urlaub in Übereinstimmung bringen möchte, und so gehört zu einem Urlaub in Österreich auch der Besuch des Neusiedler Sees mit seiner einzigartigen Landschaft und Vogelwelt, ein Abstecher in den Wiener Tiergarten, wenn man schon in Wien ist, und die Beobachtung von Gams und Murmel, wenn man in den Alpen weilt. Zur Krönung des Urlaubs war mir der Abschuß eines Sommergams gestattet worden. Das war mehr als erhofft.

Der liebenswürdige Jagdherr und seine verehrte Gattin samt der reizenden Tochter machten zwar wenig Hoffnung, daß in der kurzen Zeit in dem herrlichen Eigenrevier in der Steiermark ein Gamsbock zur Strecke zu bringen sei, denn die Gams ständen jetzt im August hoch oben in den Wänden, die zum Bundesforst gehörten. Wenn ich im Winter käme, ja dann sei es so gut wie sicher. Aber, wie gesagt, jetzt . . . Immerhin, ich durfte es versuchen.

Wie waren zu dritt, als wir frühmorgens loszogen. Im Rucksack hatte ich neben einigen belegten Broten eine Zweiliterflasche Burgenländer Weines, denn „a Durscht“ sei etwas Furchtbares, meinte mein jüngerer Begleiter, Jungjäger und zugleich mein geschätzter Hauswirt. Und der ältere, früher Förster, jetzt Jagdaufseher und noch nicht so alt, wie der graublonde Vollbart vermuten ließ, nickte dazu bedächtig mit dem Kopf.

Die strahlende Sonne an dem hellen Tag konnte nicht verhindern, daß weiter oben ein kalter Wind blies, der so stürmisch war, daß ich das Glas am Fels anlehnen mußte, um in der Geröllhalde die Murmel zu beobachten. Dem Wind schenkte der Jagdaufseher überhaupt große Beachtung, und so holten wir durch dichte Latschendickungen in einem großen Bogen aus, um unter und in die Wand zu kommen, wo der

Wind jetzt schon stetig nach oben stand. Vereinzelte Anspielungen auf die austrocknende Wirkung des Windes und die doch wesentliche Erleichterung des Rucksacks bei Entleerung der Flasche ließ der Alte nicht gelten. Zu dritt suchten wir ständig die Lücken zwischen dem Latschendickicht und die Grasbänder zwischen den Felsen und Geröllhalden ab, doch ohne Erfolg. Nun bin ich zwar nicht ganz bergungewohnt, verfüge auch über sportlich geschulte Muskeln, eine gesunde Lunge und ein kräftiges Herz, aber ich war doch herzlich froh, als wir uns nach längerem Steigen an einem windgeschützten Fleckchen im oberen Teil der Felswand zum Ansitz niederließen. Der Rucksack durfte geöffnet werden, und der Inhalt schmeckte, weil durch die körperliche Anstrengung verdient, besser als jedes ausgesuchte Hotelfrühstück.

Es ist schon was Besonderes, so eine Jause hoch oben am Berg. Und wenn vorerst auch weiterhin trotz ständigen Spähens kein Stück Wild in Anblick kam – die Flugspiele der Dohlen, Almrausch und Edelweiß im Gefels, die Erhabenheit der Berge, das Gefühl, unbeschwert über der Welt zu thronen, lösten in mir ein Glücksgefühl aus, wie ich es noch selten verspürte, und meinen Begleitern ging es nicht anders. Trotz vergeblichem Ansitz, Lauern und Spähen stiegen wir gutgelaunt um die Mittagszeit durch die Wand hinauf zur bewirtschafteten Hütte.

Dabei hatte ich eigentlich keinen Hunger. Doch durstig machte der ständig blasende Wind tatsächlich. Dem konnte in der Hütte weiter abgeholfen werden, und da der Wind nicht nachließ, mußte immer noch „ein Viertel“ getrunken werden, die letzten dann schon auf Vorrat. Der Wein war zwar nicht besonders gut, doch dafür hier oben recht teuer, und das glich sich ja wieder aus. Nun bin ich durchaus viel passionierter als Jäger denn als Trinker, und so konnte ich nur bremsen, indem ich möglichst lange mit dem Austrinken zögerte, was natürlich zu der uralten Spielregel führte: Wer zuletzt austrinkt, der bezahlt die nächste Runde. Ich wußte es ja schon immer: Den meisten Alkohol meines Lebens mußte ich aus Anstand verkonsumieren. Doch sei zu unserer Ehrenrettung gesagt: Wir unterhielten uns blendend, zumeist natürlich über Wild und Jagd, und mit jedem weiteren Glas verstanden wir uns besser.

Als ich dann gegen 15 Uhr zum Aufbruch mahnte, denn mir stand ja immer noch der Sinn nach einem Gams, da spürten wir im Freien alle

drei, daß wir dem Wind und dem Durst nun doch schon sehr kräftig entgegengewirkt hatten. Als wir durch das „Wilde Bänderl" abwärts kletterten, stellte ich fest, daß ich noch nie so schwindelfrei war. Nachdem wir unseren windgeschützten Lugaus wieder besetzt und die Gläser vor die Augen genommen hatten, verflog auch der Nebel um meinen Kopf allmählich. Nur etwas unwirklich kam mir alles noch vor.
Herrlich saß man hier oben. Den Jüngeren allerdings litt es nicht allzulange. Ihm, dem lebhaftesten und lustigsten unter uns, lag der Geduld erfordernde Ansitz am wenigsten. Er bot sich an, unterhalb der Wand weiter zu klettern, um den von hier nicht einzusehenden Revierteil zu beobachten. Mir war es recht. Gedämpft unterhielten wir uns weiter über Wild und Welt, und bevor wir das erste Wild sahen, entdeckte ich unter einer rauhen Schale ein goldenes Herz, dem waidmännisches Verhalten im besten Sinne ohne große Worte und die heute üblichen Phrasen über alles ging.
Dann erspähte der Alte eine Bewegung. Tief unter uns in einer kahlen Mulde zwischen dichtem Bergwald standen zwei Stück Rotwild. Als Alttier und Schmaltier sprach ich sie an. Doch das fünfunddreißigfache Spektiv meines Begleiters sah es genauer und erkannte in dem Schmaltier einen Rotspießer. Dann stieß ich den Alten an: „Und jetzt seh' ich den ersten Gams."
„Wo?"
„Dort unten links, unterhalb der Felsnase in den Latschen. Sicher ist es eine Geiß. Kitz sehe ich aber keines."
Angestrengt starrte mein Nachbar durchs Spektiv. Ungeduldig wartete ich auf sein Ergebnis. Lange sagte er keinen Ton.
„Nix is!" stieß er plötzlich hervor. „A Bock is'!" – Lange Pause. „Und a guater dazu!" – Noch längere Pause.
„A sieben bis acht Johr hot'r!"
Durchs achtfache Glas versuchte ich, seinen Feststellungen zu folgen. Vergeblich! Was versteht der Durchschnittsjäger eines Niederwildreviers hierzulande auch schon vom Gamswild, und die Parallelen zum vertrauten Rehwild sind recht spärlich.
„Den könnten'S schiaßen!" kam sein nächster Kommentar.
„Aber wie?"
„Obwarten, leicht kimmt'r noch a wengerl aufi!"
Es war jetzt gegen 17.30 Uhr. Die Entfernung bis zum Bock schätzte

ich auf 400 bis 500 Meter. Er stand äsend auf einem stubengroßen Grasfleck zwischen den Latschen, tiefer unten als wir erwartet hatten. Nicht weit rechts davon war die steile Rinne, die wir uns am Morgen hochgequält hatten. Der Alte teilte mit mir die Befürchtung, daß unser dritter Mann inzwischen auftauchen und den Bock vergrämen könnte. Doch das konnten wir jetzt nicht ändern.
Wohl 20 Minuten behielten wir den Gams so im Glas. Er hatte sich inzwischen noch kaum fünf Meter vom Platz bewegt.
„Könnte ich nicht doch an ihn herankommen?“ fragte ich. Mein Begleiter überlegte. „Do links gibt’s so was Ähnliches wie an Kamin. Wenn’S do durchsteigen und dann do drunt dös Felsköpferl erreichten, do könnten’S scho leicht schiaßen. – I werd Eana notfalls a Zeichn gebn.“
Schneller hatte ich den Drilling noch selten umgehängt. Zehn Schritte im Gefels nach links, und ich konnte den Bock nicht mehr sehen. Doch die Richtung hatte ich mir gut gemerkt. Mitten in der Kletterstelle, als ich gerade nach einem festen Halt griff, standen mir drei Edelweiß vor der Nase. Es ist natürlich Unsinn, aber ich hatte plötzlich die feste Gewißheit des Erfolges. Doch zum Schluß schien alles umsonst. Zu dem Felsköpferl konnte ich nur über ein recht steiles Geröllfeld gelangen. Und da trat ich trotz aller Vorsicht einen Stein los, der munter talwärts weiterhüpfte. Noch zehn Meter, dann hätte ich über den Felsabsturz schauen können, unter dem auf etwa hundert Meter der Gams stand. Doch da schrillte schon ein Pfiff von oben. Mit dem Glas konnte ich meinen Begleiter erkennen, wie er heftig abwinkte. Der Gams war weg. Egal! Die paar Meter kroch ich noch vor und sah als erstes den Bock, der bei seiner Flucht die Rinne überquert hatte und jetzt ganz rechts frei über dichtem Latschengezweig hinauf nach dem Pfiff aus der Wand sicherte. Für den Jagdaufseher war der Bock, weil etwas überriegelt, nicht mehr zu sehen. So sehr weit erschien mir die Entfernung noch nicht mal. Aus alter Gewohnheit erst mal das Glas an den Kopf und am deutlich erkennbaren Pinsel festgestellt, daß tatsächlich ein Bock und keine Geiß dort stand. Zu weiteren Überlegungen blieb keine Zeit. Der Bock hatte meine Bewegung eräugt, machte eine kleine Drehung nach rechts und stand mit vorgestrecktem Haupt spitz zu mir her. Mehr aus Routine als bewußt hatte ich beim Zusammensinken meinen Hut auf die Felskante gelegt und den entsicherten Drilling darüber geschoben. Der Bock, der sowieso nur meinen Kopf hatte sehen

können, verharrte ungewiß noch einen Augenblick, und der genügte. Noch bevor mich das sonst häufige Jagdfieber befallen konnte, stand die Spitze des Zielstachels mitten auf dem Stich. Sollte es doch weiter als 200 Meter sein? Vorsichtshalber ging der Zielstachel noch einige Zentimeter höher, dann brach der Schuß.

Entsetzt mußte ich zusehen, wie der Bock ohne zu zeichnen auf den Schuß hin einfach kehrt machte und mit drei Fluchten in den Latschen verschwand. Doch dann steilte die Hoffnung plötzlich hoch, denn die Bewegung der Latschenzweige blieb an einer Stelle, wurde zuckend kürzer und heftiger und hörte dann ganz auf. Mit dem Glas glaubte ich einen gelb-rötlichen Schimmer zu erkennen.

Genau prägte ich mir die Stelle und meinen einzuschlagenden Weg ein. Nach wenig mehr als fünf Minuten stand ich vor meinem ersten Gams und glaubte, als ich ihn aus den Latschen ziehen wollte, daß er sich mit den Hinterläufen verklemmt habe, bis ich merkte, daß so ein Feistgams bald das Doppelte eines Rehbocks ausmacht. Ein Ruf hinauf zur Wand: „Er liegt!" Eine jubelnde Antwort von oben.

Und dann saß ich zwischen den duftenden Latschenästen im saftigen Grün, das vom verspritzten Herzschweiß gezeichnet war, hörte in der völligen Stille plötzlich das Rauschen und Hämmern meines Blutes in den Schläfen, strich vorsichtig mit den Fingern über die helle Sommerdecke und sah in gebrochene Lichter – Schmerz und Freude, Mitleid und Triumph füllten mich aus bis zum Bersten. Tief unter mir lag blaugrün in der letzten Sonne das Tal, hoch oben strich segelnd und leise rufend der Kolkrabe. Die Welt war schön und vollkommen wie selten. Seit meinem ersten Rehbock hatte ich Ähnliches nicht mehr verspürt.

Meinen beiden Begleitern rechne ich es hoch an, daß sie eine halbe Stunde später erst herunterstiegen und mich so lange allein ließen. Langes Prüfen und Debattieren um das genaue Alter und dann abschließendes Urteil, daß der Bock so richtig angesprochen wie gut geschossen sei. Feierliches Überreichen eines sorgfältig ausgesuchten Bruches, und dann gelöstes Zusammensitzen am gestreckten Bock. Und dabei kam mir allmählich die Erkenntnis, daß meine Begleiter während meiner Totenwache schon weiter gedacht und zwecks Erleichterung des Rucksackes die unverständlicherweise bis dahin noch halb volle Weinflasche einer eingehenden Verminderung des Inhalts unterzogen hatten. Den Rest hatten sie mir mitgebracht. Und als ich nach einem tiefen Schluck feststellte, daß ich mir vorkäme wie im Rausch, da tat der Ältere mit listig zugekniffenen Blauaugen den denkwürdigen Ausspruch: „Woaßt, dann schreibst halt af dös Brettl von dem Bock do oafach: Rauschbock", und seine Zunge hatte dabei schon einige Mühe.

Über den Abstieg mit anschließender Einkehr und später Heimkehr wäre noch einiges zu sagen, doch käme ich damit vielleicht in ein Licht, das, weil so selten ausgestrahlt, doch nicht ganz das zutreffende und richtige wäre, und außerdem soll man ja auch noch etwas für sich behalten können.

So bliebe also nur noch nachzutragen, daß der Jagdherr, der den Schuß vernommen hatte, mit echter Freude Waidmannsheil wünschte und nicht ganz verstehen konnte, daß ich nicht noch auf ein Glaserl Wein mitkommen wollte. Am nächsten Tag klärte ich ihn eingehend auf.

Inzwischen hat meine erste Gamskrucke an der Wand mit einer Reihe weiterer Krucken standesgemäße Gesellschaft erhalten. Als ich den bisher letzten Gams nach dreistündigem Abstieg zur Hütte getragen hatte, war ich physisch so am Ende, daß ich bedauerte, ihn nicht in seinem Reich gelassen zu haben. Doch der Erste, der strahlt noch immer in einem besonderen Lichte.

Mein Ungarnhirsch

Mein erster Hirsch war ein Paradebeispiel bundesdeutscher Jagdgegebenheiten der siebziger Jahre. Eng verknüpft war seine Erlegung mit dem zweifelhaften Ruf, den sich zahlreiche deutsche Jäger in unseren sozialistischen Nachbarländern erworben hatten. Teils zu Recht, teils zu Unrecht war der Zustrom deutscher Jäger nach Ungarn, Jugoslawien, der Tschechoslowakei, Polen und Bulgarien in die Kritik der öffentlichen Meinung geraten. Sicher mit bedingt durch die sprunghaft ansteigende, inflationäre Ausweitung bundesdeutscher Jagdpachtpreise, die als Folge hier falsch verstandener freier Marktwirtschaft unser für Wild und Jagd so erfolgreiches Reviersystem immer mehr in Frage stellt, waren viele Jäger ins Ausland ausgewichen.
Dabei wird oft vergessen, daß es schon vor dem unseligen zweiten Weltkrieg deutsche Jäger gab, die im starken Karpatenhirsch ihre höchste Seligkeit suchten und fanden. Jäger dieses Schlages fahren auch heute noch oft alljährlich in die gleichen Reviere, um dort in mühevoller Pirsch und geduldigem Ansitz uriges Wild zu erleben und zu erlegen. Gemeinsam mit dieser Gruppe fahren aber auch zahlreiche Vertreter neudeutschen und neureichen Geldadels, bei denen das Prestige einer starken Trophäe mehr wiegt als das Erlebnis jagdlicher Betätigung als Folge ihrer Passion.
Letzte Gruppe bewog mich, das Angebot meines Jagdfreundes Gerhard auszuschlagen, mit ihm nach Ungarn zu fahren, um mit im gleichen Revier zu jagen, in dem er schon mit seinem Vater seit vielen Jahren gejagt hatte und jedes Jahr wieder jagt. In seinem wunderschönen Revier in Österreich hatte ich auch schon Gams und Kahlwild gejagt.
Nein, es mußte auch hier in Deutschland möglich sein, auf legalem Wege an einen Abschußhirsch zu kommen. Höhere Ansprüche als auf einen II b-Hirsch erlaubte mein Geldbeutel sowieso nicht.
Also richtete ich ein höfliches Schreiben an den Hessischen Minister für Landwirtschaft und Umwelt – Oberste Jagdbehörde – mit der Bitte „um Zuweisung eines II b-Hirsches nach den derzeit gültigen Jagdbetriebskostenbeiträgen und Grundgebühren für Abschüsse

durch Jagdgäste in der Verwaltungsjagd". Ich vergaß auch nicht, darauf hinzuweisen, daß ich schon lange kein eigenes Revier mehr bejage, außerdem seit zehn Jahren als Jagdberater eines Landkreises tätig bin und zudem im zwölften Jahre Jungjäger ausbilde. Um ganz sicher zu gehen, fügte ich noch hinzu, daß es schon immer mein Wunsch war, einmal auf einen Hirsch zu waidwerken, ein Wunsch, der sich aber leider bisher nicht erfüllt hatte. Und diesen letzten Satz hätte ich besser nicht schreiben sollen.

Der Jagdreferent antwortete mir nämlich, daß „nach einem in der Verwaltungsjagd des Landes Hessen geübten Brauch der Bewerber um einen derartigen Abschuß ausreichende Erfahrung in der Bejagung des Rotwildes haben, d. h. bereits einen Rothirsch erlegt haben sollte".

Dabei darf der Jagdgast doch sowieso nur unter der Führung eines Revierbeamten jagen und nur erlegen, was dieser ihm erlaubt.

Weiter hieß es: „Da die Hessischen Forstämter direkt für die Abschußvergabe von Hirschen der Klasse II c zuständig sind, empfehle ich Ihnen unter den vorliegenden Umständen, einen entsprechenden Antrag an ein Forstamt Ihrer Wahl zu richten."

So, jetzt wußte ich es ganz genau!

Der damalige Vorsitzende meines Kreisjagdverbandes, zugleich Freund und Vizepräsident des Hessischen Landtages, schrieb voller Empörung, jedoch gegen meinen Willen, an seinen Bekannten, den hohen Herrn Jagdreferenten, um doch noch einen Sinneswandel der hohen Landesregierung zu erwirken.

Die Antwort an ihn kam postwendend. Und darin hieß es, „daß sich sogar schon Bundesminister dieser Regelung unterwerfen mußten", und weiter: „Es ist sicher nicht von der Hand zu weisen, daß Herr St. in der jagdlichen Theorie durch seine langjährige Erfahrung ein Meister ist. In der jagdlichen Praxis bei der Rotwildbejagung bedarf es aber einer Reihe praktischer Erfahrungen, die jedermann sich erst einmal aneignen sollte, bevor er gleich auf einen starken Hirsch waidwerkt."

Damit hatte ich meine zweite Absage.

Ich verstand zwar nicht ganz, daß jedem Bundesminister automatisch eine gleich hohe Jagdeignung zugetraut wird, bezweifelte auch, daß meine praktische Erfahrung sich durch die einmalige Führung eines Forstbeamten auf einen II c-Hirsch wesentlich erweitern ließe, doch ich wollte keine Extrawurst gebraten haben. So wandte ich mich an ein

Forstamt im Vogelsberg mit dem Antrag und der Bitte auf Gewährung des Abschusses eines II c-Hirsches. Der Forstamtsleiter war mir gut bekannt. Wir waren nicht nur schon gemeinsam auf Treibjagden eingeladen, sondern hatten früher als Handballspieler mehrfach gegeneinander gestanden. Mit seinem Bruder bin ich seit vielen Jahren befreundet. Sein Schreiben teilte mir dann mit, was er mir vorher schon telefonisch angesagt hatte, daß bei ihm nämlich dreizehn Anträge auf einen II c-Hirsch vorlägen, er aber leider nur zwei davon im Forstamt frei habe und diese bereits vergeben seien.
Dies bedeutete das Scheitern meines dritten Versuches.
Und da aller guten und auch schlechten Dinge drei sind, rief ich bei Freund Gerhard an und verkündete ihm: „Ich fahre mit nach Ungarn."
„Fahren" war zwar eine Untertreibung, denn wir flogen. Genauer gesagt, es waren zwei Privatflugzeuge, mit denen wir neun deutsche Jäger nach Ungarn flogen, um dort für drei Tage Drückjagden auf Sauen und Kahlwild mitzumachen, und außerdem war noch ein Tag für eine Fasanenjagd in der Nähe des Plattensees vorgesehen. Untergebracht waren wir im ehemaligen Jagdhaus des Erzherzogs Johann, wo Gerhard immer wohnte, wenn er im Revier zu Gast war. Frei waren auch Abschußhirsche, nach damaliger Klassifizierung also II b- und II c-Hirsche.
Der erste Tag war ein absoluter Mißerfolg und eine ziemliche Enttäuschung. Hochwild kam so gut wie keines vor. Erlegt wurde lediglich von einem Schweizer Jäger, Berufsjagdführer in Südafrika, ausgerechnet der schwarze Jagdterrier eines ungarischen Försters, den der Großwildjäger mit einem sauberen Kopfschuß durch dichtes Gestrüpp ins Jenseits beförderte. Zu seiner Entschuldigung muß ich anmerken, daß bei der morgendlichen Begrüßung und Einteilung uns Jägern nicht mitgeteilt worden war, daß auch Hunde im Treiben sind. Auf dem Heimweg fuhr dann unser Geländewagen fast in eine Rotte Sauen, doch zum Schuß kam niemand.
Entschädigt wurden wir durch die lukullischen Genüsse, mit denen uns Ilonka, die Frau des Forstmeisters, in überreichem Maße verwöhnte.
Am zweiten Tag fuhren wir jeweils zu zweit mit dem Pferdewagen auf Pürsch. Die Fahrt durch die ausgedehnten Waldungen mit ihren guten Altholzbeständen war zwar interessant, wir bekamen auch mehrfach Kahlwild in Anblick, doch weder mein Begleiter noch ich waren bereit,

einen Schuß abzugeben, da uns sicheres Ansprechen und Schießen unmöglich erschienen. Am stärksten beeindruckte mich, daß wir im Gegensatz zu unseren heimischen Revieren den ganzen Tag über weder ein Haus noch eine Menschenseele sahen.

Der nächste Tag wurde dann lebhaft. Am Treffpunkt versammelte sich eine stattliche Treiberzahl, und auch den Jägern wurde eröffnet, daß in diesem Revierteil ziemlich sicher mit Rotwild zu rechnen sei. Fast alle Jäger hatten schon auf Rotwild gejagt. Ich nehme an, es war der Fürsprache Gerhards zu verdanken, der in diesem Revier schon Hausrecht genießt, daß mir der anstellende Forstmeister sagte, an diesem meinem Platz müßte eigentlich mit Sicherheit Wild vorkommen.

Ich stand am rechten Flügel der Schützenkette, dreißig Gänge vom Waldrand entfernt im gut überschaubaren Altholzmischwald. Der Waldrand grenzte an ein Wiesental mit einem großen Maisfeld entlang des Waldes. Die dürren Maisstengel – es war ja schon November – raschelten ganz leise im sanften Frühwind, der vom oberen Tal herabwehte.

Das Treiben ist noch keine halbe Stunde alt, da sehe ich Bewegung zwischen den Stämmen vor mir. Die Bewegung wird lebhafter, und dann kommt ein großes Rudel Kahlwild im gemütlichen Bummelschritt stichgerade auf mich zu. Erregung erfaßt mich. Schon versuche ich zu sortieren. Welches könnte ein Schmaltier, welches ein nichtführendes Alttier sein? Wo zieht ein schwaches Kalb? An meinem Erfolg zweifle ich keine Sekunde mehr, denn der Wind steht gut, und jedes vernünftige Stück Wild hält in so einem Falle den Wald. Hatte ich gedacht! Keine hundert Meter trennen mich mehr von dem vordersten starken Alttier mit seinen beiden Kälbern. Da macht es eine Wendung nach links und zieht mit dem ganzen Rudel in den aufrauschenden Mais. Immer noch ganz langsam, mit hoch erhobenem Windfang, kommt das dicht aufgeschlossene Rudel näher und verhält fünfzig Schritte neben mir in dem mannshohen Maisfeld. Ein unvergeßlicher Anblick! Ungefähr dreißig Stück Wild überschlage ich, und ein Rotspießer ist auch noch dabei. Im Anschlag an meiner Fichte angestrichen erwarte ich, daß das Leittier in den hinter mir mit mehr Jungwuchs wieder dichter werdenden Wald einzieht. Immer noch steht das ganze Rudel unbeweglich. Nur die Häupter ragen aus den Stengeln. Schon überlege ich, ob ich nicht auf einen der sichtbaren Hälse schießen soll. Doch abgesehen

davon, daß ich mir nicht zutraue, alleine nach dem Haupt anzusprechen, müßte ich noch durch die Maisstengel schießen, und eine abgelenkte Kugel könnte eine Riesenschweinerei anrichten. Also abwarten.
Auch das führende Alttier hat lange genug gewartet. Anstatt in den Wald zu wechseln, zieht es unbeirrt parallel zum Waldrand bis ans Ende des Maisfeldes, um dann erst das dort engstehende Holz anzunehmen. Keine Möglichkeit mehr, einen sicheren Schuß anzubringen. Auch mein linker Nachbar, der Meisterschütze aus der Schweiz, macht verzweifelte Anschlagsübungen, ohne auf das hinter uns hochziehende Rudel zu Schuß zu kommen. Es ist schon deprimierend, und solche seltenen Gelegenheiten kommen erfahrungsgemäß so bald nicht wieder.
Mein Bericht an den Forstmeister nach dem Treiben wird von diesem zwar bedauert, er meint aber, ich hätte richtig gehandelt.
Obwohl schon später Vormittag, marschierten wir gleich zum nächsten Treiben. Nebel war aufgekommen, und bevor der so dicht wurde, daß eine Bejagung nicht mehr möglich war, sollte noch ein mehrere Kilometer langer Dickungskomplex getrieben werden. Die Flanken und die Front, auf die zugetrieben wurde, sollten weiträumig abgestellt werden. Die Treiber verteilten sich entlang einem großen Kahlschlag, der aber schon mit meterhohen Buchenrauschen, viel Brombeergestrüpp und vorwüchsigen, stubenhohen Bauminseln bestockt war.
Der Forstmeister nahm mich zur Seite und führte mich zwischen die Treiber zu einem freistehenden, hohen offenen Hochsitz, auf dem ich alleine den Rückwechsel verteidigen sollte. Es war gar nicht ganz einfach, auf den vereisten, dicken Sprossen der steilen Leiter den acht Meter hohen Sitz zu besteigen und sich auf den rohen, nassen Rundhölzern einigermaßen zurechtzusetzen.
Da sitze ich nun alleine im dichter werdenden Nebel. Nach zehn Minuten ist von der Treibern nichts mehr zu hören. Alle Geräusche werden verschluckt, alle Konturen verwischen sich. Grau in grau ist die Welt, und genau so grau sieht es auch in mir aus. Ja, wenn man wenigstens noch den ganzen großen Schlag übersehen könnte, dann wäre so ein Rückwechsel vielleicht gerade das Richtige. Aber so?
Von Zeit zu Zeit versuche ich, durchs Zielfernrohr zu schätzen, wie weit die Sicht noch reicht. Der Nebel wogt, wird mal dicker, mal etwas lichter. Auf achtzig bis hundert Meter mag es zur Not noch gehen.
Wohl eine Stunde sitze ich nun schon in dieser naßkalten Waschküche.

Totenstille um mich herum. Zeit zum Nachdenken und zum Grübeln. Sind wir Jäger nicht doch alle ein bißchen verrückt? Jagen einem Phantom nach, das niemals auf Dauer erreichbar sein wird, immer wieder voller Hoffnung trotz vieler Enttäuschungen. Brauchen wir uns zu wundern, daß die Masse nicht versteht, wie man ein Tier lieben kann und es trotzdem aus dem Leben reißt? Fühlen uns als ein Stück Natur und wären jetzt doch liebend gerne am warmen Kamin, statt sinnlos stundenlang in einem fremden, toten Wald zu hocken. Kein Vogelruf, kein Mäuserascheln, kein Blätterrauschen, kein Wassergemurmel! Nichts, rein gar nichts! – Oder doch? – Plötzlich bin ich hellwach. Ist da nicht ein Geräusch wie von ziehendem Wild, das an dürrem Buchenlaub anstreicht? Mit offenem Munde lausche ich in die graue Welt. Absolute Stille! Nein, muß wohl doch eine Täuschung gewesen sein! – Doch jetzt wieder, ganz deutlich, etwas rechts vor mir einige Fluchten eines stärkeren Stückes Wild. Dann wieder Stille. Was für ein Wild mag das wohl sein? Meine Augen versuchen vergeblich, die graue Wand zu durchbohren. Nun wieder ein paar Fluchten, ziehende Schritte, und wieder lautlose Stille. Könnte das nicht ein Stück Kahlwild sein? Das steht zur Zeit aber doch meist im Rudel. In meine Überlegungen hinein nehme ich eine Bewegung wahr. Schemenhaft erkenne ich im Glas ein Stück Wild, ein Stück Rotwild. Langsam zieht es von rechts nach links vor mir vorüber. Noch traue ich meinen Augen nicht ganz. Aber das ist ja ein Hirsch! Mich trifft die Erkenntnis wie ein elektrischer Schlag. Was hat er denn auf dem Haupt? Jetzt um Gottes Willen keinen Fehler machen und einen Kronenhirsch schießen, der ein Fehlabschuß wäre und den ich nicht bezahlen könnte! Nun verhofft er einen Augenblick. Lange Vordersprossen vermag ich zu erkennen. Von der Seite gesehen scheint oben nicht viel drauf zu sein. Immerhin scheint dies auch kein junger Hirsch zu sein. Soll ich, soll ich nicht? – Doch Zeit zum langen Überlegen läßt er mir nicht. Er zieht weiter. Noch zehn Meter, dann verschluckt ihn wieder der Nebel. Der Zielstachel steht klar hinter dem Blatt. Bevor er wieder untertaucht, hebt er prüfend den Windfang. Da bricht mein Schuß. So sah ich noch kein Wild zeichnen. Er macht einen kleinen erschrockenen Hopser, und dann erst, als sei ihm erst jetzt aufgefallen, daß er getroffen sei, bäumt er sich hoch auf, macht eine Riesenflucht und rast ins graue Nichts. Gleich darauf ist wieder jedes Geräusch verstummt. Ich höre kein Zusammenbrechen, kein Schlegeln, nichts. Erst jetzt beutelt mich das Jagdfieber. Seit einem halben Jahr bin ich Nichtraucher. Was gäbe ich in diesem Augenblick für eine einzige Zigarette! Automatisch sehe ich auf die Uhr. Es ist elf Uhr fünfundzwanzig. Was soll ich nun tun?

Nach fünf Minuten hält mich nichts mehr. Nach genauer Einprägung der Anschußstelle, soweit dies der Nebel zuläßt, turne ich hinunter, vertrete mir auf dem am Schlagrand entlang führenden Grasweg ein wenig die Beine, um die steifgefrorenen Glieder wieder gelenkig zu machen. Dann überlege ich mir den weiteren Verlauf: Wenn ich abgeholt werde, muß ich jemand auf den Anschuß einwinken, muß Schweiß suchen und dem folgen. Ich bin ganz sicher, daß meine Kugel auf dem richtigen Fleck sitzt, und die Wirkung der 8 x 68 kenne ich auch nicht erst seit heute. Doch bis dahin habe ich wohl noch einige Zeit. Meinen Schuß wird kaum jemand vernommen haben.

So bummele ich erst mal ein paar Schritte den Grasweg hoch. Nach etwa hundert Metern mündet ein stark begangener Wildwechsel aus dem Schlag auf den Weg. Er scheint nach links oben zu führen. Ohne lange zu überlegen, dringe ich auf dem Wechsel langsam in den Schlag ein. Ich muß etwas tun, die Spannung der letzten Minuten war zu groß. Und so schleiche ich vorsichtig, Schritt für Schritt auf ein Wunder hoffend, zwischen Brombeerhecken und jungen Buchen und Eichen hangaufwärts. So im Nebel aufs Geratewohl nach einem Hirsch zu suchen, das grenzt wohl schon an Aberglauben. Nach noch nicht dreißig Schritten stutze ich plötzlich. Da steigt doch aus einem dicken Brombeerbusch neben dem Wechsel ganz feiner Dunst. Wo kommt der denn her? Interessiert mache ich einige Schritte nach rechts. Aber da ragt ja auf einmal eine Geweihstange hoch! Mir verschlägt es den Atem. Ich stehe vor meinem Hirsch, aus dessen Wundmal, dem Einschuß zweifingerbreit hinter dem Blatt, ganz fein der warme Lebenshauch in der kalten Winterluft verströmt. Mit einem Blick erkenne ich den ungeraden Zwölfer, auf der rechten Seite eine lange Gabel, links eine kurze Krone. Hätte ich mir meinen Wunschhirsch vorher malen dürfen, er hätte aufs Haar genau so ausgesehen. Ich stehe davor und bin nur glücklich. Natürlich liegt der Fotoapparat im Jagdhaus. Doch das Bild steht mit auch noch heute klar und deutlich vor den Augen.

Noch während ich neben dem Hirsch kauere, vernehme ich von links oben ganz leise und gedämpft den Knall eines Schusses, der mich in die

Wirklichkeit zurückbringt. Dort sollte wohl einer der ungarischen Förster stehen. Das Treiben ist also noch im Gange. Langsam gehe ich zum Weg zurück. Soll ich nochmals aufbaumen? Doch was will ich überhaupt noch? Mein Wunsch ist ja voll und ganz erfüllt. Mehr als glücklich kann man nicht sein.

Noch fast eine Stunde kann ich meinem Hirsch die Totenwache halten. Dann vernehme ich oben auf dem Hauptweg ein Pferdefuhrwerk. Als der Fahrer mich sieht, bietet er mir an, mich zum Rastplatz mitzunehmen. Ich verstehe kein ungarisch, er kein deutsch. Es ist ein alter Mann, aber er kapiert sofort, als ich ihm bedeute, daß ich geschossen habe. „Auch getroffen?" will er wissen. Ich nicke. „Schwein?", fragt er auf deutsch. „Nein, Szarvas", erkläre ich mit dem einzigen Wort, das ich ungarisch spreche. Etwas zweifelnd folgt er mir. Als er den Hirsch erblickt, fällt er mir um den Hals und küßt mich auf beide Wangen. Ich mag so etwas sonst nicht. Trotz seiner Bartstoppeln halte ich dieses Mal still.

Jetzt kommt auch das Geländefahrzeug, das mich abholen will. Waidmannsheil und Gratulation von allen Seiten. Zwei Stück Kahlwild wurden noch gestreckt, dazu zwei Bachen und ein dreijähriger Keiler. Fachmännisch wird das Geweihgewicht meines Hirsches mit fünf bis sechs Kilogramm geschätzt, für Ungarn also weit unter dem Durchschnitt. Mancher alte Ungarnjäger mag dazu mitleidig lächeln. Für mich aber bedeutet mein Hirsch mehr als für den jagdlichen Snob der Hochkapitale. Alles ist relativ. Auf die Freude allein kommt es an.

Der Hirsch hatte ein Alter vom achten Kopf, und er hätte mich in Deutschland wesentlich mehr gekostet.

Auf Hartebeest in Südwestafrika

Südwestafrika, das heutige Namibia, war eines der Länder, die mich seit frühester Jugend anzogen. Genauer gesagt, seit ich lesen konnte und begeistert die in den zwanziger und Anfang der dreißiger Jahre in den Schulen noch vertriebenen Kolonialheftchen verschlingen konnte, in denen auch viel von Wild und Jagd berichtet wurde.
Durch eine private Einladung nach Tsumeb, der Minen- und Gartenstadt im Norden von SWA, lernte ich Land und Leute kennen, wurde auf viele Farmen eingeladen und hatte im Otavi-Bergland und am Rande der Etoscha-Pfanne meine ersten Jagderlebnisse. Seit dieser Zeit ließ mich das Land nicht mehr los.
Fünf Jahre später kam ich zum zweiten Mal nach Südwest. Neben dem Besuch der alten Freunde sollte noch mehr das Jagen im Vordergrund stehen. Im Khomas-Hochland, auf der Farm Düsternbrook von Edgar und Marga Vaatz, konnte ich einen guten, alten Kudu und zwei starke Oryx strecken. Mein Sinn stand aber vor allem nach einem Hartebeest. Schon in Ostafrika, als ich mit Rolf Trappe jagte, trachtete ich danach, ein Kongoni, wie das Cokes-Hartebeest dort genannt wird, zu erlegen. Es gelang leider nicht. Noch stärker wird das Kap-Hartebeest, zu deutsch „Kama-Antilope“, das mit seinen stärksten Vertretern wohl im Osten von Windhuk anzutreffen ist.
Es war gar nicht so einfach, eine entsprechende Farm zu finden, seitdem auch in Südwest nicht mehr jeder Farmer seinen Gast zur Jagd führen darf, sondern eine Jagdführerprüfung abgelegt haben muß.
Bei Heiner Schlabitz auf der Farm Omunjereke, so nach einem Hererohäuptling benannt, fand ich dann den richtigen Ort. Dort, zwischen Windhuk und Gobabis, wurden die stärksten Trophäen erlegt. Nun bin ich alles andere als vom Trophäenkult besessen. Trotzdem bleibt die Faszination einer alten, reifen Trophäe, die dann nicht mehr nur Indikator für Gesundheit und Verfassung des Trägers ist, sondern dem Erleger zugleich auch Symbol für die Jagdausübung bedeutet, wobei natürlich wieder dazugesagt werden muß, daß Mühsal und Anstrengung des Jägers keineswegs immer mit der Qualität der Trophäe übereinstimmen. Für mich jedenfalls war das Hartebeest mit seinem langen Kuh-

schädel und den knorrig verdrehten, nach außen und hinten gebogenen Hörnern das Sinnbild afrikanischen Steppenwildes. Also sollte es auch ein starker Bulle sein. Doch die stehen leider, oder Gott sei Dank, nicht gerade so auf Bestellung in der Landschaft herum.
Als wir, so gegen Abend von Windhuk kommend, uns Omunjereke nach zweimaliger Irrfahrt näherten, stand eine Herde dieses eigenartigen Wildes nicht weit neben der Straße vor dem Horizont des hier ziemlich flachen, leicht hügeligen Savannengeländes, vor der untergehenden Sonne ein großartiger Anblick. Auch Kudus tauchten mehrfach auf. Dagegen sind Springböcke hier in der Gegend sehr selten. Schade!
Der Kontakt mit dem Farmer war schnell hergestellt, zumal er in Darmstadt studiert hatte und so mit meiner Unterstützung seine Ortskenntnisse wieder auffrischen konnte. Jede Farm ist anders, und auch das Verhältnis zwischen Farmer und schwarzer Belegschaft ändert sich mit jeder Farm. Dies war die erste von vielen deutschen Farmen, auf denen ich keinerlei Berührung mit den Farmarbeitern bekam. Die „Werft", die Wohnsiedlung der schwarzen Arbeiter, lag weit abseits der großräumigen Farmgebäude, und familiären Kontakt, wie er sonst auf den meisten deutschen Farmen üblich ist, gab es hier offenbar nicht.
Erstaunt erfuhr ich auf die Frage, weshalb die Leitungsrohre der Windpumpen an den Viehtränken so dick isoliert seien, daß dies reinen Kälteschutz bedeutet. Kurz vor unserer Ankunft sollen hier im Nossobtal minus dreizehn Grad Celsius gemessen worden sein, wobei natürlich offen liegende Leitungen einfrieren. Nicht umsonst hat die nur wenige Kilometer entfernt liegende Siedlung den Namen Seeis. Und das in Afrika! Aber erfrorene Tomaten hatte ich auch schon fünf Jahre früher im Otavi-Bergland erlebt. Schließlich ist ja jetzt im August hier auch Hochwinter.
Noch in der frühen Dämmerung des nächsten Morgens fahren wir mit dem Landrover los. Wild sehen wir genug: weibliche Kudus, junge Bullen, Warzenschweine, Oryx, vereinzelt Strauße, alles nur auf ziemlich weite Entfernung. An einer ehemaligen Wasserstelle kündigt der Farmer einen ganz starken Warzenschweinkeiler an. Leider ist der nicht zu Hause. In einer Baumgruppe höre ich einen Wiedehopf, sehe ihn schließlich auch. Er hat mit dem europäischen viel Ähnlichkeit.
Die Sonne kommt heraus und wärmt schon, da erblicken wir endlich

das erste Rudel Hartebeest. Der Wagen bleibt stehen. Doch bevor wir noch den Wind geprüft haben, hat uns das Rudel erspäht und verschwindet hinter dem nächsten Hügel. Die Fahrt geht weiter. In einem flachen Tal mit großen Felsbrocken – die Südwester nennen alle Steine nur Klippen – steht am Gegenhang auf ungefähr einen Kilometer Entfernung wieder ein Rudel Hartebeest. Auch sie haben uns schon gesehen und sichern, im niedrigen Dornbusch stehend, zu uns her. Hinter einem großen Felsen steige ich mit Heiner aus, während der uns als Jagdführer begleitende Farmer Wucher langsam weiterfährt und aus großer Entfernung unsere Pirsch mit dem Glas beobachtet. Der Wind steht gut, das Wild beruhigt sich langsam wieder und äst weiter zwischen Büschen das hohe Gras. Im Tal verläuft ein ausgetrocknetes Bachbett mit hohen Bäumen. Bis dorthin kommen wir in Deckung zahlreicher Buschgruppen und Felshügel ganz gut. Doch dann ist es aus. Ohne Deckung steigt der Hang wieder an. Schlabitz meint, wenn ich im eingeschnittenen Trockenbett noch einige hundert Meter nach links käme, dann könnte ich auf ungefähr dreihundert Meter an das Wild herankommen. Im Glas erkennen wir ein stärkeres Stück ziemlich links unten stehend. Halb kriechend, zum Teil auf dem Bauch, erreiche ich im lockeren Sand die vorgesehene Stelle und schiebe mich vorsichtig auf die Böschung. Fünfzig Meter vor mir ist im trockenen Gras eine Warzenschweinbache mit fast schon gleich großen Frischlingen auf der Suche nach Fraß. Noch haben sie mich nicht bemerkt. Das stärkste Hartebeest ist mir am nächsten. Doch ist es verflucht weit bis dahin. Sicher noch über zweihundert Meter. Außerdem gibt es keine Möglichkeit zum Auflegen des Gewehres. Aber liegend freihändig schieße ich doch auch recht sicher! Hat nicht auch der Farmer gemeint, von hier aus wäre ein Schuß möglich? Der muß es doch wissen! So schiebe ich die Eigenverantwortung von mir und versuche, das freistehende Stück ins Zielfernrohr zu bringen. Um nicht zu sehr zu wackeln, drehe ich das variable Zielglas auf zweifache Vergrößerung herunter. Doch diese Bewegung wird wahrgenommen. Das Stück wirft auf und sichert zu mir herunter. Jetzt muß es also schnell gehen. Schon ist der Schuß draußen, der hinter und unter dem Hals des Bullen den Staub aufwirbelt, was den Fehlschuß anzeigt, den ich schon halb in Kauf genommen hatte. Hoch flüchtig geht die Herde nach links ab. Ich ärgere mich am meisten über mich selbst. Hinter den Bäumen kommt der Farmer hervor, und als er bei mir ist, scheint er keineswegs über meinen Fehlschuß verwundert. Er konnte sehen, in welche Richtung die ungefähr fünfzehn Stück Wild flüchteten und schlägt vor, ihnen zu folgen. Schon nach einer Viertelstunde, die wir dem Lauf des Trockenbetts folgen, sehen wir am Hang des flachen Berges, von dem wir kamen, ein einzelnes Hartebeest stehen. Das Stück scheint zu dösen. Heiner Schlabitz glaubt, es wäre krank und bittet mich, doch dieses zuerst zu erlegen. Dagegen kann man natürlich nichts sagen. Zwischen uns und dem Wild liegt eine etwa zehn Meter lange und zwei bis drei Meter hohe Felsbarriere, in deren Deckung ich unbemerkt herankomme und auf der ich auflegen und dem Stück den Schuß antragen kann. Das 14,5 Gramm schwere 8 x 68-S-Geschoß wirft den jungen Bullen glatt um. Er ist stark abgekommen, hat eine faustgroße, eitrige Beule am linken Hinterlauf über dem Sprunggelenk, deren Ursache nicht erkenntlich ist, und recht lange Hörner. Zu Hause würde man das als Hegeabschuß bezeichnen, und so fasse ich es auch auf.

Der nächste Vormittag sieht uns in der gleichen Gegend. Und wieder finden wir gleich zwei Herden Hartebeest, die sofort in verschiedenen Richtungen am Horizont verschwinden. Wenn wir der nach Osten abgesprungenen Herde folgen, steht der Wind günstig. Ich bitte Wucher, alleine der Herde folgen zu dürfen. Er stimmt zu, denn in dem recht offenen Gelände ist jede Bewegung zuviel. Nur Jeremias, der junge Herero und ständige Jagdbegleiter Wuchers, soll mit mir kommen. Wie fast alle Schwarzen hat er ein vorzügliches Auge und schleicht zwischen den Dornbüschen mit den Bewegungen eines Panthers.

Seiner Führung vertraue ich mich auch zunächst an. Nach einer guten halben Stunde haben wir das Rudel wieder in Sichtweite und kommen bis auf ungefähr 400 Meter heran. Doch dann werden sie unruhig, obwohl sie uns unmöglich sehen können. Ein leiser Hauch im schweißnassen Nacken zeigt an: Der Wind hat sich gedreht. Also heißt es, sie im Bogen zu umgehen. Doch sie sind mißtrauisch geworden und ziehen halb gegen den Wind in guter Deckung einer stärker bewachsenen Mulde weiter Richtung Süden.

Kurze Beratung mit Jeremias. Trotzdem er weder englisch noch deutsch spricht – auf deutschen Farmen sprechen die Eingeborenen sonst zum großen Teil recht gut deutsch –, verstehen wir uns schnell. Wir holen im weiten Bogen aus, um wieder gegen den Wind an das

Rudel zu kommen. Fast eine Stunde dauert es, bis mir der vorauspürschende Jeremias ein Zeichen gibt, daß er die Herde wieder entdeckt hat. Von den beiden zurückgebliebenen Farmern sind wir inzwischen meilenweit entfernt und ohne jegliche Verbindung. Der Busch ist hier dichter, und der häufigste Dornbusch, den die Südwester beziehungsreich „Wart ein Weilchen" nennen, macht seinem Namen alle Ehre. Trotzdem kommen wir gut voran, indem wir einer Geländefalte folgen, die zu einem lichten Plateau führt, auf dem die Herde grast. In dieser Richtung müßten wir auf gute Schußentfernung herankommen.
Doch gleich scheint die Hoffnung wieder zunichte gemacht. Ein einzelner Straußenhahn wird vor uns hoch und flüchtet schräg an den Hartebeest vorbei, die natürlich sofort aufwerfen und zur Flucht bereit sind.
Wir liegen hinter einem Steinblock und warten. Nach einer Viertelstunde scheinen sich die Antilopen wieder zu beruhigen. Einige grasen schon wieder, andere sichern noch unbeweglich in die Runde. Ich bedeute Jeremias, daß wir auch zu zweit noch einer zu viel sind, und er stimmt mir zu. So schleiche ich dann alleine weiter, immer dann mich bewegend, wenn kein Haupt in meine Richtung äugt. Acht Stück kann ich einwandfrei ausmachen. Auch die weiblichen Tiere tragen Trophäen. Kälber gibt es in dieser Jahreszeit noch nicht. Trotzdem erkenne ich ein Tier, das anscheinend trächtig ist und sehr lange Hörner hat. Das ist selbstverständlich tabu.
Mittlerweile bin ich am Rande des stärkeren Bewuchses angelangt, verschwitzt, mit zerrissener Kleidung, zerstochen und von Dornen zerkratzt, aber immerhin auf ungefähr zweihundert Meter zu den nächsten Stücken. Der Schweiß läßt das Glas dauernd beschlagen. Ich liege hinter einem Felsblock und habe links neben mir den stärkeren Stamm eines höheren Busches, der sich etwa in meiner Schulterhöhe gabelt. Lieber würde ich ja auf dem Felsen auflegen, aber von unten sehe ich nur die Häupter der Tiere. Außerdem kann ich nicht feststellen, welches der stärkste Bulle ist. Immer wieder wische ich das Glas trocken, hebe es und versuche zu vergleichen. Ältere Bullen haben häufig die Hörner an der Spitze stark abgewetzt.
Ein scheinbar altes weibliches Stück zieht jetzt halblinks von mir näher. Dahinter der etwas tiefer stehende Bulle scheint sehr starke Hörner zu haben. Zentimeterweise schiebe ich mich an dem Stämmchen hoch und

lege in der Gabelung auf. Nachdem ich schon über eine halbe Stunde lang versuchte, in Schußposition zu kommen und den Richtigen zu finden, ist mein Jagdfieber inzwischen übergangen und verflogen. Als der Zielstachel hoch hinter dem Blatt steht, krümme ich durch und lasse die Kugel fliegen.

Im Schuß macht das Stück eine Flucht nach vorne, torkelt noch ein paar Schritte und fällt dann um. Um sicher zu gehen, gebe ich noch einen Schuß auf das liegende Stück ab. Doch der ist unnötig. Das Rudel ist nach hinten auseinandergestoben.

Jeremias, der zwar mich, aber nicht die Herde beobachten konnte, hebt fragend die Hand. Ich winke ihn die paar hundert Meter heran und bitte ihn, mich einzuwinken, wenn ich mich zwischen dem schütteren Buschwerk in dem zwischen mir und der Beute liegenden Graben in der Richtung irren sollte. Nach zehn Minuten stehe ich ungefähr dort, wo mein Wild liegen müßte. Doch ich kann es nicht entdecken. Jeremias winkt mit dem rechten Arm. Noch zwei Buschinseln umgehe ich. Dann stehe ich vor einem meiner Jugendträume, bücke mich hinunter, streichele vorsichtig über die glatte Decke und umfasse die starken Hörner, die ich trotz Handschuhgröße neun an der Basis unmöglich umspannen kann.

Fast fühle ich mich wie bei meinem ersten Rehbock. Ein Blick auf die Uhr zeigt, daß Mittag inzwischen schon vorüber ist. Das war Jagen nach meinem Geschmack. Die mühselige, kräfteraubende Pirsch unter Anspannung aller Sinne und Kräfte nach mehreren Stunden mit einem guten Schuß – beide Kugeln saßen da, wo sie hin sollten – zu Ende gebracht, das alleine war die halbe Reise wert. Ringsum flimmerte die Dornbuschsavanne in der Mittagshitze, gemildert vom ständigen leichten Wind. Weit und breit keine Menschenseele, kein Haus, keine Siedlung. Fast noch Urnatur und urtümliches Wild. Als ich mir am gestreckten Stück die Beruhigungszigarette schmecken lasse, bin ich selig.

Jeremias, der nach einiger Zeit bei mir auftaucht, erschrickt gewaltig, weil ich ihm vor Freude auf die Schulter haue. Aber dann versteht er, lacht und begutachtet hochzufrieden die wirklich starke Trophäe.

Es dauert nochmals über zwei Stunden, bis Jeremias die beiden Farmer gefunden hat, die sich schon Sorgen gemacht hatten. Die beiden Schüsse konnten sie natürlich nicht vernehmen. Die lange, einsame

◀ *Hochträchtiges Gnu im trockenen Dornbusch*

Totenwacht an meinem Hartebeest zählt zu den glücklichsten Stunden meines Jägerlebens.

Elefantenabenteuer

Ein Elefant in freier Wildbahn und einer im Zirkus oder Zoo sind so verschieden wie Gustav und Gasthof.

Weder Lust und Absicht noch genügend Geld hatte ich je, unser größtes Landsäugetier zu bejagen. Nein, – mit Wilhelm Busch: „Enthaltsamkeit ist das Vergnügen – an Dingen, welche wir nicht kriegen . . ." hat das nichts zu tun. Aber mir geht es mit den Elefanten wie mit dem Nashorn, dem Auerhahn oder dem Wisent. Über ihnen liegt gemeinsam die Tragik, daß sie in die Welt des Menschen mit seinem unersättlichen Drang, die Erde nach seinem Maßstab zu verändern, einfach nicht mehr hineinpassen. Und so sind sie wohl dem Aussterben geweiht, auch wenn ihre halbdomestizierten Nachkommen bald in jedem besseren Tierpark nachgezüchtet werden sollten.

Nein, bejagen wollte ich den Elefanten nicht, jedoch Elefanten in ihrem ursprünglichen Lebensraum sehen, beobachten und fotografieren – sie erleben, das wollte ich unbedingt.

Dazu bekam ich auch Gelegenheit. Wobei gesagt werden muß, daß Rolf Trappe, mit dem ich in Tansania meine ersten „wilden Elefanten" zu Gesicht bekam, eine unheimliche Vorsicht und in meinen Augen übertriebene Ängstlichkeit im Umgang mit Elefanten an den Tag legte, was umso mehr verwunderte, als es kaum einen erfahreneren, im Umgang mit Wildtieren vertrauten Jäger als ihn gibt, der zugleich schon viele Elefanten erlegt hat.

Es mag sein, daß auch ich schon von dem weltweiten Trend beeinflußt bin, der heute aus so vielen sonst recht guten Fernsehtiersendungen spricht, wonach man eigentlich jedes Wildtier, je nach Geschmack und Laune, am Schwanz ziehen kann, es streicheln oder füttern darf, und zum Dank dafür noch mit einem zirkusreifen Kunststück bedacht wird. Professor Dr. Grzimek, mit seinen Tiersendungen seit vielen Jahren des Fernsehens liebstes Kind, der schon so unendlich viel für das afrikanische Wild getan hat und dabei unser heimisches Wild leider meist vergißt, der zwischen Löwen spazieren geht wie unsereins unter einer Schafherde, hat eigenartiger Weise nie ausführlich berichtet, wie und weshalb seine Assistentin von einer Elefantenkuh getötet wurde.

Realistische Berichte, die Wild nicht nur vermenschlichen, verharmlosen und verniedlichen, könnten sicher dazu beitragen, daß viele sich jährlich wiederholende tödliche Unfälle mit Großwild vermieden würden.
Jedenfalls bekam ich Gelegenheit, Rolf Trappes Vorsicht besser zu verstehen. Es war in der Etoscha-Pfanne, Südwestafrikas großem Wildschutzgebiet, in dem seit 1907 Wild und Umwelt fast unverändert von Menschenhand blieben. Elefanten hatte ich bis zu diesem Zeitpunkt schon öfter erlebt. Am eindringlichsten wohl im Arusha-Nationalpark am Mount Meru in Ostafrika, als ich, mit meinem schwarzen Begleiter im VW-Käfer aus einem Hohlweg kommend, plötzlich zwischen drei Elefanten stand, deren nächster, den ich mit dem Normalobjektiv aus acht Meter Entfernung mit einem Schnappschuß auf den Kamerafilm bannte, durch Rüsselheben, Ohrenklatschen und Trompeten so deutlich sein Mißfallen an diesem Zusammentreffen zeigte, daß wir mit Vollgas Reißaus nahmen. Erst auf der gelungenen Aufnahme konnte ich an der aus den Augen austretenden Flüssigkeit des Bullen erkennen, daß er wahrscheinlich hochbrunftig war, ein Zustand, der ja bekanntlich bei Mensch und Tier zu unvorhergesehenen Reaktionen führen soll.
In der Etoscha-Pfanne begann alles ganz anders. Dort erlebte ich zuerst eine Idylle, die für mich meine beeindruckendste Elefantenbeobachtung überhaupt wurde.
Bei zwei vorhergehenden, schon Jahre zurückliegenden Besuchen hatte ich einmal überhaupt keine Elefanten gesehen, ein andermal einige zuerst nur aus großer Ferne und dann, trotz stundenlangen Wartens an der Wasserstelle Klein-Okevi, nur Rücken, Köpfe und sandwerfende Rüssel einer großen Herde im dichten Dornbusch entdeckt.

Aus dieser Zeit noch rührte meine Bekanntschaft mit einem der Wildwarte her, mit dem ich damals eine lange und ausführliche Unterhaltung über den Nationalpark und seine Probleme geführt hatte.
Dieser nun erzählte mir bei unserem Wiedersehen, daß zur Zeit ziemlich regelmäßig eine kleine Herde Elefanten mittags zwischen 14 und 15 Uhr an der Wasserstelle Kalkheuwel anzutreffen sei.
Mit meinem Jagdfreund Walter zusammen war ich, am frühen Morgen von Horst Körners Farm kommend, die als eine der nördlichsten Far-

men sowohl ans Ovamboland als auch an die Etoscha-Pfanne angrenzt, mit unserem in Windhuk geliehenen VW-Golf in Namutoni, der früheren deutschen Festung, eingetroffen. Nach dem Mittagessen im Fort fuhren wir dann gegen 14 Uhr in Richtung Kalkheuwel. Von den Wasserflächen früherer Jahre in der Pfanne war nach jahrelanger Trockenheit nichts mehr zu sehen. Dort hatte ich noch Pelikane, Sattelstörche, Möwen und Stelzenläufer fotografiert. Lag es nun an der Trokkenheit, daß auch kaum Besucher, die sich in dem riesigen Gebiet sowieso verlieren, zu sehen waren? Gerade drei Autos waren uns auf über hundert Kilometern Fahrtstrecke begegnet.
Kurz vor der Wasserstelle konnte ich fünf Löffelhunde, die südafrikanischen Füchse mit ihren großen, runden Ohren, im dürren Steppengras neben der Pad entdecken und fotografieren. Am Horizont zog eine Reihe Oryxantilopen, Gnus standen vereinzelt in der Steppe, und eine kleine Herde Zebras weidete zusammen mit zahlreichen Springböcken zwischen grauen, staubbedeckten Dornbüschen und zahlreichen Termitenhügeln. Ein Wegweiser zeigte die Richtung zu der Wasserstelle an.
Walter, der sich schneller als ich an den Linksverkehr gewöhnt hatte, fährt langsam auf der mit feinem Staub bedeckten und von Schlaglöchern übersäten Pad zwischen dichtem Dornbusch an die Wasserstelle heran. Und dort steht tätsächlich die Elefantenherde im und am Wasser. Wir sind hellauf begeistert. Da die Fahrspur am Wasser zu Ende ist, wird der Golf gleich gewendet und dicht neben dem wohl dreißig Meter breiten, flachen Wassertümpel angehalten. Obwohl dies verboten ist, stellt Walter den Motor ab. Und dann haben wir Einblick ins Privat- und Familienleben wilder Elefanten, wie es meist nur durch Zufall mal möglich ist. Da Autos nicht als Gefahr angesehen werden, nimmt keiner der grauen Riesen von uns Notiz. Zwölf Kopf stark ist die aus Kühen, größeren Kälbern und zwei jungen Bullen bestehende Herde. Die beiden halbwüchsigen Bullen geben gerade eine Galavorstellung eines Spielkampfes im seichten Wasser, während die übrigen Herdenmitglieder teils dösend im spärlichen Schatten einiger hoher Bäume stehen, teils noch, Unmengen von Wasser aufnehmend, beim Trinken sind.
Wer weiß, ob ich noch jemals im Leben solche Möglichkeit zum Fotografieren bekommen werde? Walter knipst mit seiner kleinen Kamera, und auch ich will gerade auf den Auslöser drücken. Das einzige, was

dabei stört, ist die starke Vergrößerung des Teleobjektivs mit seinen 420 mm Brennweite, womit ich von den beiden im Wasser umhertobenden Jungbullen bestenfalls nur den Kopf in den Sucher bekomme. So wird mit fliegenden Händen der zweifache Konverter herausgedreht und das von 70 bis 210 mm variable Teleobjektiv hastig wieder aufgesetzt. Weshalb ich bei der geringen Entfernung nicht überhaupt auf das Teleobjektiv verzichtete, weiß ich heute noch nicht, und darüber hätte ich später noch Tränen vergießen können.

Nur am Rande des Geschehens nehme ich wahr, daß eine Warzenschweinbache mit ihren Frischlingen zehn Meter neben uns mit Suhlen begonnen hat und daß sieben Giraffen ebenfalls vor uns auf dem Wege stehen und vorsichtig ans Wasser ziehen. Wir sind von wilden Tieren umringt. Fast komme ich mir vor wie im Paradies. So stehen wir atemlos wohl schon über eine Viertelstunde und machen Aufnahme nach Aufnahme. Gerade liegen die beiden Bullen im Wasser auf den Knien und schieben sich mit den Köpfen vor und zurück. Die anderen Elefanten beachten wir nicht mehr. Da lenkt eine Bewegung meinen Blick durchs Rückfenster nach hinten. Dort kommt gerade eine hochbeinige, offenbar uralte Elefantendame mit nur einem Zahn neugierig auf uns zu. Noch etwa zehn Meter ist sie hinter uns. „Walter", sage ich ganz ruhig, „fahr langsam an, wir bekommen Besuch." Der blickt sich um, dreht ruckartig mit Vollgas den Zündschlüssel herum, – und der Motor springt nicht an. „Gib nicht so viel Gas", sage ich, immer noch sehr gelassen, denn aus dem Gesicht der alten Tante spricht nur die Neugier, sich unser zitronengelbes Gefährt einmal näher zu betrachten. Sicher ist ihr das neueste Modell von VW noch nicht bekannt. Dann heult der Motor auf, und mit einem Riesensatz fahren wir an. Da die Räder noch nach rechts standen, wären wir fast auch noch ins Wasser gehüpft. Entsetzt springen die Giraffen links und rechts aus dem Weg, und das ist gar nicht so ungefährlich, denn eine erschrockene Giraffe kann mit einem Schlag der Hinterläufe einen Löwen betäuben. Gottlob kommen wir gut in Fahrt, und Walter findet sein Gleichgewicht wieder.

Gleichwohl ist er tief geschockt. Meine gut gemeinte Beruhigung, daß von der Elefantenkuh kaum Gefahr ausgegangen sei, ärgert ihn noch mehr. Ich spüre, daß er sich seine Schreckreaktion selbst nicht verzeihen will, und das drückt gewaltig auf sein im übrigen recht gut entwickeltes Selbstbewußtsein. Ein wenig wortlos fahren wir weiter. Wir wollen bis zum Abend noch in Okaukuejo sein. Das sind 123 Kilometer von Namutoni. Wir sind dann immer noch mitten im Nationalpark. Aber dort ist gute Übernachtungsmöglichkeit, und von da wollen wir am nächsten Tag bis nach Swakopmund an den Atlantik fahren und wenn möglich noch die Seelöwen am Kreuzkap besuchen. Meine Frage an Walter, ob er es eigentlich darauf abgesehen habe, mit Höchstgeschwindigkeit alle Schlaglöcher zu durchfahren, bessert die Stimmung nicht auf. Walter ist sauer, und auch ich bin sauer. Die Hitze drückt unbarmherzig, und Fenster kann man keins öffnen, der Staub dringt so schon durch alle Ritze. Aussteigen ist im Nationalpark strengstens verboten.

Mit der Karte in der Hand stelle ich gerade fest, daß wir in der Nähe von Springbockfonteine sein müssen. Dort führt die Pad direkt an der eigentlichen Pfanne entlang, und die Pfanne in der Mitte des Parks ist in der Trockenheit ein einziges, riesiges Wüstengebiet, 130 Kilometer lang, 70 Kilometer breit. Von früheren Überschwemmungen übrig gebliebene Salzkrusten blenden weiß das Auge im grellen Sonnenlicht. Rechts von uns lichtet sich niedriger Busch. Der Blick auf die Wüste wird ganz frei. Und dort am Rande, ungefähr zweihundert Meter neben der Straße, steht allein und riesengroß vor dem unendlichen Hintergrund ein silberner Elefant. Zumindestens glänzt seine Haut wie Silber, sicher hervorgerufen durch ausgiebiges Wälzen in einer salzhaltigen Suhle.

„Walter", sage ich zu dem stur durch die verstaubte Windschutzscheibe starrenden Fahrer, „halte doch mal still, das gibt eine prima Aufnahme." Mit einem Ruck tritt er auf die Bremse. In einer großen Staubwolke kommen wir zum Stehen. Ich versuche, den durchs Futteral gedrungenen Staub vom Objektiv zu wischen. Da vernehme ich einen markerschütternden Schrei. Mit hoch gerolltem Rüssel, schlagenden Ohren und einem Trompeten, das wirklich mehr ein Schreien ist, kommt der Elefant wie eine Lokomotive auf uns zu gebraust. „Nanu, der greift ja an", konstatiere ich, wissend, daß Elefanten öfter solche Scheinangriffe starten, dann jedoch meist auf dreißig bis vierzig Meter stehen bleiben und ihrem Unmut mit lautem Trompeten Luft machen. „Fahr vorsichtshalber weiter", sage ich. Doch jetzt schlägt Walters Stunde. „Ach, Du hast wohl Angst?" fragt er höhnisch. „Sieh' mal an,

Du hast ja Angst!" – „Fahr los!" dränge ich, denn der sich wie rasend gebärdende Elefant kommt bedrohlich näher und hat die kritische Entfernung schon fast unterschritten, ohne anzudeuten, daß dies ein Scheinangriff werden soll. Walter zögert immer noch. „Fahr los!" brülle ich laut. „Natürlich habe ich Angst, das ist Ernst!" Jetzt merkt auch Walter, daß dies kein Spaß mehr ist. Der Golf geht ab wie eine Rakete, und doch ist der Elefant nur noch wenige Meter hinter uns, bis wir schneller sind als er. „Donnerwetter, der ist wohl verrückt! Der hätte uns die Blechkiste schön demoliert und uns dazu!" ist meine erste Reaktion, als wir in Sicherheit sind. „Aber eine Aufnahme von dem möchte ich jetzt erst recht noch haben."

Der Elefant steht wie zum Sprung geduckt hinter uns mitten auf der Straße. Und kaum halten wir an, da kommt er von neuem angebraust. Noch zweimal wiederholt sich dieses Spiel, das mit Sicherheit kein Spiel ist. Dann wird es dem Elefanten, den ich bis dahin noch als übelgelaunten Bullen betrachtet hatte, zu dumm und er dreht ab in den dichten Busch. Bei seinem letzten Angriff und auf einer lichten Stelle im Busch kann ich noch zwei Aufnahmen schießen. Bei der letzten wird mir auch klar, daß dies vermutlich eine hochträchtige Kuh ist. Anders kann ich mir die Angriffslust nicht erklären, die ja in vielen Tierarten bei Müttern auftritt, die gerade Nachwuchs bekommen haben. Die mag hier womöglich verfrüht aufgetreten sein.

Doch die besonderen Ereignisse dieser Tage waren noch nicht beendet. In Schweiß gebadet und bis in die letzte Ecke mit Staub bedeckt – sogar in die geschlossenen Koffer war er eingedrungen – erreichten wir gegen Abend total erschöpft Okaukuejo. Als Begleitmusik zum ersten Erfrischungstrank empfing uns schon Löwengebrüll aus dem Busch. Leider waren alle Schlafräume bereits besetzt, und wir mußten mit einem Zelt als Unterkunft vorlieb nehmen.

Der zu Busch und Steppe ringsum offene Zeltplatz samt Toiletten, Dusch- und Waschräumen liegt an einer Wasserstelle, die nach den Zelten zu durch eine die Hälfte des Wassertümpels umfassende Steinmauer abgegrenzt ist. Die ganze Nacht über wird die Wildtränke angestrahlt, und bevor wir uns nach ausgiebigem Duschen zur Ruhe begeben, können wir noch einen einzelnen Elefanten am Wasser beobachten. Die erwartete Nashornmutter mit Kind erschien leider nicht. Dafür liefen uns die Schakale bis vor die Füße. Nachts sollen Löwen schon zwi-

schen den Zelten herumgebummelt sein. Gegen zwei Uhr nachts gehe ich alleine nochmals an die Wasserstelle. Eine Löwin mit einem Jungen schlappert Wasser wie ein Hund. Als sie mich wahrnimmt, taucht sie lautlos wieder im Busch unter.
Gegen Morgen schreckt uns donnerndes Löwengebrüll aus dem Schlaf hoch. Walter fragt, ob der Brüller auch ins Zelt kommen könne. Ich antworte ihm, daß er dann an der anderen Seite wieder herauskäme, da das große Hauszelt sowieso an beiden Giebelseiten unten offen sei. Walter war erst wieder oben auf, nachdem ich vormittags bei der Weiterfahrt über einen Kilometer weit mit leicht angezogener Handbremse gefahren war.
Nach bald fünfhundert Kilometern Fahrt auf guten Straßen fuhren wir am Nachmittag vor dem „Grünen Kranz“ in Swakopmund vor, stellten unseren gelben Golf vor dem Hoteleingang ab und bekamen ein schönes Doppelzimmer. Die attraktive Hotelbesitzerin, gebürtige Frankfurterin, hatte uns sofort als hessische Landsleute erkannt. Sie schickte einen Hoteldiener mit uns an den Wagen, um beim Tragen unseres Gepäckes behilflich zu sein. Doch Walter versuchte vergeblich, den Wagenschlüssel ins Schloß zu stecken. Nach mehreren ergebnislosen Versuchen fuhr er mich an: „Was hast du denn mit dem Schloß gemacht?“ Ich riet ihm, die Frage an sich selbst zu richten, denn er war die ganze letzte Strecke gefahren und hatte den Schlüssel alleine in der Hand. Er probierte nochmals, ich probierte, die nach uns gekommene Hotelchefin versuchte auch noch, behilflich zu sein. Vergeblich! Die rechte Tür ließ sich nicht öffnen, die linke auch nicht, und auch die Klappe streikte beharrlich. Walter rief als letzten Ausweg laut nach einem Automechaniker. Doch bevor es soweit kam, empfahl ich ihm, sein Glück mal drei Autos weiter vorne zu versuchen. Dort stand nämlich unser gelbes Fahrzeug, das dem später angekommenen glich wie ein Ei dem anderen.
Es kostete am Abend an der Hotelbar, an der wir auch noch einen befreundeten Farmer trafen, eine erhebliche Menge des guten Bieres aus der Swakopmunder Hansa-Brauerei, um unser jagdkameradschaftliches Verhältnis wieder zu festigen, zumal ein deutsches Fotogeschäft, bei dem Walter einen neuen Film kaufen wollte, feststellen mußte, daß der verknipste Film seiner Kleinkamera falsch eingelegt war, so daß er nicht transportiert wurde und somit unbelichtet war. Hätte ich zu die-

◀ *Oben: Der Jungelch durchrinnt den Fluß*
Unten: mit gemischten Gefühlen am gestreckten Elch

sem Zeitpunkt schon gewußt, daß sich auch bei meiner Kamera beim Konverterwechsel der Verschluß der automatischen Belichtung so verklemmt hatte, daß alle Elefantenbilder total unterbelichtet waren, ich vermute, ich hätte mich gegen alle seitherigen Grundsätze maßlos betrunken.

Jagen in Alaska

Alaska ist ein großartiges Land, überwältigend, faszinierend. Der 49. Staat der USA ist siebenmal so groß wie die Bundesrepublik und hatte zur Zeit meines Besuches eine Einwohnerzahl, die etwa der Hälfte von Frankfurt entsprach, wovon wieder fast zwei Drittel der Bewohner in Anchorage und Fairbanks lebten. Daraus ergibt sich eine Besiedlungsdichte, wie sie gleich dünn nur selten in bewohnbaren Gebieten dieser Erde zu finden ist. Man kann stundenlang im Buschflugzeug über das Land fliegen, ohne auch nur ein einziges Mal ein Anzeichen menschlicher Gegenwart zu entdecken. Großartig und erschreckend zugleich, wenn man sich vorstellt, dort unten irgendwo ausgesetzt zu sein, wo das nächste Haus vielleicht hundert Kilometer und weiter entfernt ist und weder Weg noch Steg einen Hinweis geben können. Straßen gibt es nur ganz wenige, und das sind nur ein paar Kilometer rund um die Schotterflugplätze, und Autos oder Straßenbaufahrzeuge müssen stückweise eingeflogen und an Ort und Stelle zusammengesetzt werden. Trotz dieser Einsamkeit oder gerade deswegen zählte es zu den Höhepunkten meines Jägerdaseins, wenn ich mutterseelenallein in den Hügeln am Mulchatna River umherstieg, mir zu Mittag ein Feuerchen anzündete und mit einer Handvoll gefrorener Heidelbeeren Hunger und Durst stillte.

Wildnis also ist im Überfluß vorhanden. Wer darin allerdings den Tierreichtum ostafrikanischer Steppen und Savannen erhofft, der wird eine arge Enttäuschung erleben. Es ist gleich gut möglich, stundenlang, ja tagelang durch tundrenartige Ebenen und über flechtenbewachsene Hügel zu pirschen, ohne ein einziges Stück Wild zu sehen, als auch hinter dem nächsten Hang eine Herde Karibus zu finden, am Fluß einen Elch stehen zu sehen oder an den Hängen in den Heidelbeeren einen oder auch mehrere Bären zu entdecken.

Diese Voraussetzungen bestimmen natürlich auch die heutigen Jagdmethoden, die zum schnellen Erfolg auf das Flugzeug kaum verzichten können. Das führt unweigerlich dazu, daß bald auch noch der letzte unberührte Fleck aufgestöbert und die Wildnis ihres Zaubers beraubt wird. Als ich zum erstenmal nach Alaska kam, war es noch legal möglich, ohne führenden Jäger alleine sein Waidmannsheil in den Weiten dieser urigen Wildnis zu suchen. Mir sind einige Jäger bekannt, die diesen Weg mit mehr oder meist weniger Erfolg beschritten haben. Sicherer ist jedenfalls die Lizenzjagd mit dem erfahrenen Guide – und heute auch für den Ausländer gesetzlich vorgeschrieben –. Im September und Oktober treffen im Flughafen Anchorage Jäger aus aller Welt ein. Viele davon sprechen deutsch. Bayerische und hessische Laute sind ebenso zu vernehmen wie Pfälzer Mundart, rheinischer Dialekt, niederdeutsche Klänge, aber auch Wiener Charme, Berliner Schnauze und Schweizer Dütsch. Im „Captain Cook“ oder „Anchorage Westward“, den beiden ersten Hotels, sehen sich die meisten davon dann wieder. Im Kaufhaus, Ausrüstungsladen oder Waffengeschäft werden die „tags“ (Wildursprungszeichen) und Lizenzen gekauft, und anschließend wird ein Stadtbummel gemacht, der nicht viel bringt, es sei denn, man findet das soziale Elend alkoholabhängiger Eskimos oder die zahlreichen, in allen möglichen und unmöglichen Stilarten errichteten kleinen Kirchen interessant. Winzige Holzhäuser mit Spitzgiebel und moderne, riesige Häuserblocks stehen nebeneinander und zeigen die Entwicklung dieser größten Stadt Alaskas auf.

Am nächsten Tag geht's mit einer Inlandsfluglinie weiter. Die meisten Jäger fliegen nach Süden und Osten. Dort sind noch die sichersten Jagdgebiete mit den größten Erfolgsaussichten. Am Zielflughafen wartet dann der Guide mit dem Buschflugzeug, um den Gast ins Jagdgebiet einzufliegen.

Ich lernte meinen Guide, Dick Sjoden, hier in Deutschland bei meinem Jagdfreund Gerhard kennen, der unter seiner Führung im Kamishak einen Kapitalelch erlegte. Dicks Partner, Sonny Hedlund, holte mich am Flughafen in Iliamna, am größten See Alaskas, ab. Erfrischend einfach die Vorstellung: „Hallo, ich bin Sonny.“ „Guten Tag, ich bin Heinz“, und man geht zur Tagesordnung über. Den Amerikaner gibt's so wenig wie den Deutschen.

Mit mir zusammen fliegen Ralf und Dennis, zwei Amerikaner, Vater und Sohn aus Arizona, mit der gecharterten, viersitzigen Cessna ins neu errichtete Camp am Mulchatna River. Beim Anflug zum Wassern auf dem Fluß flüchtet ein kleine Herde Karibus unter uns aus dem Wasser in den Busch. Am Ufer wartet schon Andy, ein Vollblutindianer, der als Jäger angestellt ist. Er führt uns in die zweihundert Meter vom

Wasser entfernte Blockhütte, die meine Erwartungen in bezug auf die Geräumigkeit übertrifft. Nicht erwartet war allerdings die grenzenlose Unordnung in der Hütte und rund um das gut und massiv gebaute Haus. Da hing neben der Tür eine Speckseite, gleich daneben die Keule eines Karibus, eingerahmt von Säge, Axt, Spaten und anderen Werkzeugen, das Angelzeug, die Büchse von Dick, statt Gewehrriemen mit einem Stück Wäscheleine versehen, daneben verschiedene Kisten und Kartons, Flaschen und Dosen. Auf dem großen Tisch an der Längsseite des einzigen Innenraumes standen und lagen über- und nebeneinander Zeitschriften und Bücher, von der Deutschen Jagdzeitung bis zum „Playboy", vom Comic Strip bis zur wissenschaftlichen Enzyklopädie nordamerikanischer Tierwelt; daran anschließend Zucker und Sirup, Kaffeekanne und Tassen, Messer und Löffel, Angelhaken neben dem Brot und Gewürze zwischen der Munition. Ein malerisches Bild, das nur zusammengeschoben werden mußte, wenn Jerry, der Nebenbeikoch, das Essen brachte oder wenn ich einen Platz zum Schreiben brauchte.

Jerry kam erst in der Dunkelheit vom Fluß herauf, wo er geangelt hatte, während Dick und Sonny am späten Nachmittag mit dem Buschflugzeug eingetroffen waren. Jerry ist eine Seele von Mensch. Während des Winters arbeitet er in einer Konservenfabrik an der Westküste der USA, im Sommer und Herbst verdingt er sich für Kost und Unterkunft irgendwo in der Wildnis, macht Mädchen für alles und schwärmt von der Natur, egal ob die Sonne scheint, ob es stürmt oder schneit, ob der Mond am Himmel glänzt oder schwere Wolken und Nebel die Berge zudecken. Seine Kochkünste und vor allem die Speisenfolge waren ein getreues Abbild der Tischordnung. Ich habe mir einige seiner Musterdinner notiert und festgehalten. Typisch dafür das Nachtmahl am Sonntag, dem 10. Oktober: Da gab es zuerst Bohnensuppe, dann Spinat aus der Dose, anschließend süße Kekse mit Gurken und Käse. Zum krönenden Abschluß wurde schließlich noch ein Stück Schokoladentorte vorgesetzt, die von Sonny aus Iliamna mitgebracht worden war.

Doch diese äußeren Umstände störten eigentlich nicht im geringsten. Am meisten zu schaffen machte mir noch, der ich morgens fast nichts zu mir nehme, das tägliche opulente Frühstück mit Speck und Eiern, Pfannkuchen und Honig und dazu Tag und Nacht Kaffee, Kaffee und nochmals Kaffee. Dieses Getränk sah zumindest Kaffee ähnlich und schmeckte auch manchmal fast so. Als ich Jerry erklärte, daß ich in den paar Tagen hier schon „the most coffee of my life" getrunken hätte, bereitete er mir eine große Kanne Juice, in diesem Falle ein Getränk aus einem Limonadenpulver und Flußwasser, wobei er mir klar machte, daß bei der großen Kanne Flußwasser das weiter oben im Fluß liegende tote Karibu keine Rolle spiele. Anderes Wasser gab es sowieso nicht. Die Kanne mit Juice reichte für mich über eine Woche. Waren wir mal ausnahmsweise mittags in der Hütte, wurde der Lunch durch stramme Haltung oder Mittagsschlaf ersetzt. Zur Not gab es immer noch eine kalte Elchzunge mit Salz. Oder Andy filetierte bei besonderen Anlässen schnell ein paar Forellen, und wenn ich dabei staunend seine Geschicklichkeit mit dem Messer bewunderte, dann nahm er dies zum Anlaß, auch noch die Haut der Fische abzuziehen. Dick machte mit ein paar Handgriffen in einer Minute ein frisch geschossenes Waldhuhn bratfertig. Praktiker waren sie schon alle und im übrigen unkomplizierte, ungezwungene nette Naturburschen, mit denen ich mich ausgezeichnet verstand.

Schwierigkeiten hatte ich zuerst noch mit der zehnstündigen Zeitumstellung. So konnte ich schon in der ersten Nacht bei all den vielen neuen Eindrücken lange nicht einschlafen. Der Mond fiel mit einzelnen silbernen Strahlen durch das Dach der die Hütte umstehenden dunklen Tannen, als ich lange nach Mitternacht im Schlafanzug das halboffene Häuschen besuchte, das zwanzig Meter von der Hütte entfernt für hinterlistige Zwecke errichtet war. Kaum hatte ich es mir bequem gemacht, als schwere Tritte im Laub mich aufhorchen ließen. Ein menschlicher Schritt war das nicht, der sich da langsam und vorsichtig näherte. Doch welches Tier sollte sich hier so unvorsichtig nahe der Hütte bewegen? Nach dem weichen Auftreten konnte es auch kein Schalenwild wie Elch oder Karibu sein. Sollte vielleicht gar ein Bär die frei aufgehängten Karibukeulen gewittert haben? „Geh' nie ohne Gewehr in den Busch!", hatte mir Dick am Abend noch eingeschärft. Doch wer nimmt schon eine Waffe mit, wenn er nur mal den Lokus aufsucht? Das Aufleuchten meiner Taschenlampe um die Ecke herum ließ mich auch nichts erkennen, veranlaßte aber den unbekannten, nächtlichen Besucher zum Stillstand. Dann ging es wieder „tapp, tapp, tapp", und wieder Stille. Aber immer klang es ein wenig näher. Als es gerade so richtig spannend wurde, da stand im Licht meines Scheinwerfers plötzlich ein starker Bernhardiner schweifwedelnd vor mir, von dessen Existenz ich bisher noch nichts erfahren hatte, und der sich sichtlich erfreut um die Bekanntschaft mit mir bemühte. Er war mit Jerry bis in die Dunkelheit am Fluß gewesen, und in die Hütte hatte er keinen Zutritt. Sonny hatte die zweijährige Hündin schon im Sommer durch die Luft mitgebracht. Ihr Domizil hatte sie im Gerümpel unter der Hütte. „Alaska", das war ihr Name, wurde meine treueste Begleiterin beim Angeln. Sie stand bis zum Rücken im eiskalten Wasser neben mir und war wild passioniert, die zappelnden Forellen, Saiblinge und Äschen aus dem Flachwasser ans Ufer zu tragen, wobei sie mir mehrfach Ärger bereitete, da sie sich in der Schnur verwickelte.

In der nächsten Zeit steigt meine Achtung und schließlich Bewunderung für die Buschfliegerei von Tag zu Tag mehr. Auf dem Geröllstreifen am Fluß, wo die zahllosen Lachsgerippe umherliegen, startet und landet die kleine Piper Super Cub. Was Sonny mit diesem Apparat, dessen schadhafter Tragflächensaum mit Heftpflaster überklebt ist, alles bewältigt und ausrichtet, das ist schwer zu beschreiben, das muß man erlebt haben. Ich verstehe so viel vom Fliegen, daß ich weiß, jedes normale Flugzeug braucht einen Start- und Landeplatz. Für die Super Cub scheint dies nicht zu gelten. Knappe hundert Meter fester Boden, egal ob von Geröll, Gras, Flechten oder Heidelbeeren bedeckt, genügen, um den aus Sperrholz und Leinwand bestehenden Vogel nach einigen Sprüngen, Hopsern und Stolperern zum Fliegen oder zum Stehen zu bringen. Und trotz allen Kurvens, bald auf der linken, bald auf der rechten Tragflächenspitze stehend, ob im Aufschwung um eine Bergnase, ob im Sturzflug in Täler und Mulden, nie hatte ich ein Gefühl der Unsicherheit. Am schlimmsten war noch starker Wind, wenn das Maschinchen wie ein Stück Papier umherflatterte. Und so gab es auch einige Tage, an denen bei dem sprunghaft wechselnden Wetter starker Sturm jegliches Fliegen verbot. Doch meine Hochachtung für die Buschfliegerei besteht fort.

Am ersten Morgen, nach schlecht durchschlafener Nacht im dicken Mief – Gott sei Dank war die schwere Holztür sowieso nicht ganz zu schließen – bringt die Super Cub Dick und Dennis in die Berge, wo sie nach einem Braunbären suchen. Als Sonny alleine wieder auf dem aus drei Benzinfässern und zehn Blechkanistern bestehenden „Airport"

aufsetzt, deutet er lachend auf die Berghänge überm Fluß: „Willst Du Dir Deinen Schwarzbären nicht holen?“ – Weiß Gott, mit dem Glas erkenne ich nach einigem Suchen in drei bis vier Kilometer Entfernung an der oberen Waldgrenze eines entfernten Berghanges einen tiefschwarzen Klumpen, der sich eilig nach unten bewegt, um dort auf einem kahlen Fleck zu verweilen. Und schon heult der Motor der Super Cub wieder auf, die mich zusammen mit Andy eine Minute später auf der Sandbank des gegenüberliegenden Flußufers absetzt, damit wir von hier aus den Bären angehen konnten.
Beim Durchwaten einiger flacher Flußarme bewähren sich zum ersten Male die hüfthohen Gummistiefel. Von oben ist aus einem leichten Nieseln jetzt richtiger Regen geworden. Als ich meinen Regenumhang überziehe, meint Andy, der mache zuviel Geräusch, und ich packe ihn gehorsam wieder in den Rucksack. Sonst ist der Indianer wortkarg. Er läßt mich meist vorgehen, und ich bemerke, wie er mich beim Überklettern von Baumstämmen und beim Überspringen von Gräben auf meine körperliche Leistungsfähigkeit abschätzt.
„Keine Angst, da halte ich mit!“ Zwei Wochen später, als wir als gute Freunde zusammen in einer Kneipe in Anchorage sitzen, wo er mir vergeblich eine dralle, nicht mehr ganz nüchterne Eskimofrau aufschwätzen will, behauptet er, daß er sofort „gerochen“ habe, ich sei der beste „walker“, den er je geführt habe.
In dem verfilzten Erlen-, Weiden- und Tannengestrüpp kommen wir nur langsam voran, und es dauert lang über eine Stunde, bis wir beim Abstieg in ein Quertal durch die Bäume vor uns auf der Höhe des Gegenhanges den Bären wiedersehen. So auf fünfhundert Meter macht der kohlschwarze Bursche in den fahlgrauen Heidelbeerstauden einen recht starken Eindruck.
„Sechseinhalb Fuß“ schätzt ihn Andy sachlich auf seine Größe. Zugleich mache ich aber Andy auf den Wind aufmerksam, den wir genau im Rücken haben; denn daß Bären eine vorzügliche Nase haben, das ist mir bekannt. Ich schlage vor, unten am Fluß entlang mit halbem Wind den Bären anzupürschen. Andy deutet nach oben: „Von dort kommen wir leiser und erkennen ihn früher.“ Er hat recht, nur hat er nicht bedacht, daß morgens der Wind am Hang nach unten fällt, und so stehen wir nach einer weiteren halben Stunde vergeblichen Schleichens zwischen den Blaubeersträuchern und sehen, wo der Bär die Beeren mit

den Krallen herausgekämmt hat, er selbst aber ist im Wald verschwunden, und wir finden ihn auch nicht mehr.
Ein zweiter Versuch auf einen Schwarzbären am übernächsten Tag führt ebenfalls nicht zum Erfolg. Dick hatte ihn in den Vorbergen ausgemacht, aber er war nicht mehr aufzufinden, als wir dort ankamen. Dafür glaubt Dick, der inzwischen die Vorliebe deutscher Jäger für altes, reifes Wild erfahren hatte, für mich einen solchen Elch gefunden zu haben. Ausführlich beschreibt er mir einen „bull", den er schon mehrfach gesehen haben will und dessen Schaufeln statt in die Breite mehr nach vorn gewölbt sind, und das sei fast immer ein Zeichen hohen Alters, was nicht stimmt, wie sich später herausstellt.
Es war ein langer, mühsamer Marsch. Hügelauf, hügelab kommen wir schließlich in ein Gebiet, in dem sich ein kleiner Fluß mit zahlreichen Verästelungen durch welliges und von Schluchten durchzogenes Land quält. Seine Ufer sind meist mit Erlen und Weiden bestanden. Da, wo sich das Gelände ein wenig öffnet, erstreckt sich ein flaches Sumpfland, das zum größten Teil von Wald bedeckt ist. Schon bis wir schweißüberströmt die ersten Waldstreifen erreichen, ist die Sonne über ihren Höhepunkt hinaus. Auf einige hundert Meter erkennen wir im lichten Weiden- und Erlenbusch zwischen dunklen Fichtengruppen einen jungen Elchhirsch mit schwachen Schaufeln, der jetzt in der Brunft sicher nicht in der Nähe eines stärkeren steht. Die nächsten steilen Uferböschungen lassen von oben einen kleinen Einblick in den Urwald zu. Wir versuchen, auf den Hügeln zu bleiben, müssen aber wegen vieler Schluchten wieder runter in den Sumpf und ans Wasser. Die Hoffnung, hier ein ganz bestimmtes Stück Wild zu finden, sinkt mehr und mehr. Doch Dick marschiert zielbewußt weiter. Nachdem er den gleichen Elch im gleichen Gebiet schon mehrfach gesehen hat, ist er seiner Sache ziemlich sicher. Für gewöhnlich ist das Gebiet, in dem sich ein Elch bewegt, so riesig, daß nur schwer von einem ständigen Einstand gesprochen werden kann. Nachdem aber rundum nur kahle Berge und Hügel zu sehen sind, ist es schon einleuchtend, daß dieses Waldgebiet bevorzugt wird. Weiter suchen wir alle lichten Stellen ab, ohne irgendein Stück Wild entdecken zu können. Gerade als ich die Hoffnungslosigkeit dieser Suche einzusehen beginne, sinke ich zusammen; denn durch das Gewirr der Erlenäste erkenne ich einen großen dunklen Körper in einem der zahlreichen Tümpel.

„Dort steht er“, flüstere ich dem seitlich hinter mir gehenden Dick zu. „Nein, das ist er nicht“, flüstert er zurück. „Das ist eine ‚cow‘. Doch dann ist der Bulle sicher nicht weit weg.“
Teils auf den Knien, teils auf dem Bauch, robben wir bis zum Rande der Erlenbüsche vor. Knapp hundert Meter vor uns steht das Tier fast bis zum Rumpf im Wasser und äst, indem es mit dem Haupt ins Wasser taucht. Dick läßt den Brunftruf des Elches erschallen. Nochmals und noch einmal. Da steht der Schaufler hinter dem Tier im Wasser. Der Windfang ist hoch erhoben. „Mein Gott, ist dieses Wild auf die kurze Entfernung groß und mächtig.“
Noch einmal stößt Dick den Bruftruf aus, worauf der Schaufler mit hohem Haupt auf uns zu vor das Tier tritt. Im Liegen ziehe ich auf den Trägeransatz des Elches ab, wobei mir das Zielfernrohr durch den bekannt starken Rückstoß des 8 x 68-S-Geschosses gewaltig vor den Schädel schlägt. Doch davon verspüre ich jetzt nichts, denn der Elch setzt im Schuß mit einer Flucht auf die Böschung und schaukelt dort vor und zurück, worauf ich, ebenfalls aufgesprungen, meinen zweiten und dritten Schuß auf einem Quadratmeter Elchblatt los werde. Mit dem Erfolg, daß sich der Schaufler hoch aufbäumt und rückwärts ins aufspritzende Wasser stürzt.
„Hättest Du nur einmal geschossen, dann läge er jetzt auf dem Land und nicht im Wasser!“, ist Dicks erste, sachliche Feststellung. Ich aber stehe erschüttert vor dem fast im Wasser versunkenen Elch, wuchte das Haupt mit den Schaufeln hoch und kann in diesem Augenblick selbst als Jäger nicht begreifen, daß man so ein riesiges Tier wegen der Trophäe umbringt.
Erst langsam kommt die Freude hoch, ein wenig gedämpft von der Erkenntnis, daß die Trophäe zwar durch eine Faltung in der linken Schaufel und mit einer Rücksprosse abnorm und sehr interessant ist, mit knapp 1,60 m auch genügend Auslage hat, mein Elch aber höchstens mittelalt ist. Mit einigen dummen Sprüchen versucht Dick mich aufzumuntern und zu erreichen, daß ich bei dem obligatorischen Erinnerungsfoto ein freundliches Gesicht mache. Einheimische, für die das Wild den notwendigen Wintervorrat an Fleisch in der Kühltruhe bedeutet, sind da nicht so sentimental.
Bis wir mit dem bald zentnerschweren Haupt – das Wildpret wurde am nächsten Tag abgeholt –, uns im Tragen abwechselnd, am Treff-

punkt mit der Super Cub ankommen, ist die Sonne längst untergegangen. Wir starteten schon fast im Dunkeln, und ich rechnete damit, das Camp nie mehr zu erreichen, zumal noch Nebel aufkam. Als Sonny die Maschine auf die Seite legt, um mir am Boden einen großen Braunbären zu zeigen, kann er durch das Gewicht des auf der Tragflächenverstrebung festgezurrten Schaufelpaares das Gleichgewicht nicht mehr herstellen. Dabei war mir in diesem Augenblick mein Leben wichtiger als der größte Grizzly. Doch Sonny stellte die Maschine auf den Kopf, und beim anschließenden Hochziehen flog sie wieder geradeaus. Aber wie wollte er sich im Finstern orientieren? Wie auf dem Geröllstrand landen? Er schaffte es ohne jede Schwierigkeit.

Und wieder drei Tage später suchte ich mit Dick etwa zehn Kilometer flußaufwärts die Seitentäler nach Schwarzbären ab. Inzwischen hatte ich in unserem Gebiet vom Flugzeug aus weit mehr Braunbären als Schwarzbären gesehen. Dazu ist zu sagen, daß sich Schwarz- und Braunbären nicht besonders gut vertragen und der Schwarze dem Braunen aus dem Wege geht, wo es nur möglich ist. Natürlich ist der Braunbär nichts anderes als der nordamerikanische Grizzly, nur wird im Buch der Rekorde der durch die sommerliche Lachsnahrung stärker werdende Küstenbär in Alaska als Braunbär bezeichnet und der Inlandbär als Grizzly. Dick behauptete, die jüngeren Bären seien jetzt im Oktober bereits in der Nähe ihrer schon vorbereiteten Winterlager. Schließlich hatten wir auch neben herrlichen Sonnentagen schon ein paar strenge Frostnächte mit anschließendem Treibeis auf dem Mulchatna. Unter diesem Gesichtspunkt suchte Dick die Quertäler ab. Und dieses Mal hatten wir auch Glück. Nach Übersteigen eines steilen Querriegels bekamen wir Einblick in ein schmales Hochtal. Dick sank sofort in die Knie. „Black bear“, formten seine Lippen. Vorsichtig hob ich den Kopf. Die langgestreckte Talmulde ist mit dichtem Erlenbewuchs ausgefüllt. Am Rande der Erlen steht der schwarze Bär und sichert aufmerksam zu uns her. Unbeweglich verharren wir wohl fünf Minuten. Dann scheint er beruhigt und macht sich wieder an den Beerensträuchern zu schaffen.

„Du mußt versuchen, bis hinter die paar Büsche am abfallenden Hang zu kommen! Dort sind es nur noch knapp zweihundert Meter. Aber sei vorsichtig! Er hat uns schon gehört“, flüstert Dick.

Mit dem Gewehr in der linken Hand winde ich mich auf Ellenbogen

und Fußspitzen über die Höhe durch Gras und Gestrüpp. Den Bär behalte ich dabei ständig im Auge. Mehrfach verhofft er und sichert herauf. Noch bin ich einige Meter von dem Buschwerk entfernt, da setzt sich der Bär nach unten in Bewegung. Ich blicke zu dem mit Abstand folgenden Dick zurück. Der nickt heftig mit dem Kopf. Ich soll schießen, will das heißen.
Doch das ist leichter gesagt als getan. Ich liege mit dem Kopf nach unten, mit den Füßen nach oben und muß noch die Laufmündung über das Gras bringen. So kann ich auch kaum den Kolben richtig in die Schulter einziehen. Als ich den gestochenen Abzug berühre, bekomme ich einen Schlag auf die noch vom Elch her nicht verheilte Augenbrauenverletzung, daß ich sicher in die Knie gegangen wäre, hätte ich nicht schon auf dem Bauch gelegen. Doch der Bär ist gefallen, kommt jedoch gleich wieder hoch und versucht taumelnd, nach unten zu entkommen. „Schieß, schieß!", ruft Dick von hinten.
Repetiert und eingestochen hatte ich schon wieder, und als ich hastig den Finger an den Abzug lege, löst sich vorzeitig der Schuß und geht irgendwo in die Weite Alaskas. Noch einmal repetiert, und der dritte Schuß ist draußen, der den Bären zum zweiten Male umwirft, wobei er einen lauten Brüller ausstößt. Und wieder kommt er auf die Branten. Erst der vierte Schuß mit dem dritten Treffer läßt ihn endgültig verenden.
Dick kommt von hinten angerannt. „Ich hatte schon Angst, er kommt noch verwundet in die Erlen. Das wäre eine böse Sache geworden!", sagt er. Dann blickt er mir ins Gesicht und lacht: „Du blutest bestimmt mehr als der Bär." Erst jetzt merke ich, daß mir das Blut als kleines Rinnsal von der Stirn auf den Ärmel tropft. Die Narbe der schlecht verheilten Wunde erinnert noch heute an meinen ersten Bären. Es soll auch voraussichtlich der letzte bleiben. Er tat mir ganz einfach leid. Schließlich brauchte ich weder seinen Pelz, noch sein Fleisch, und getan hat er mir auch nichts.
Ich weiß, es gibt viele Jäger, die können meine Einstellung und mein Mitleid nicht verstehen, betrachten sie vielleicht sogar als Schwäche. Aber für mich gibt es nun einmal Jagderfolge, die nur Freude bringen, und es gibt solche, die in mir anschließend trotz aller Passion Trauer und Mitleid bereiten. Wer kann die menschliche Seele und besonders die des Jägers schon ganz verstehen?

Es war übrigens eine alte Bärin mit ganz heruntergekauten Zähnen, die keine Jungen mehr geführt hatte. Obwohl sie nicht besonders stark war, hatte sie einen wunderschönen, langhaarigen Pelz.
Meine beste Zeit in Alaska kam noch, als mir Dick vorschlug, mein Karibu im Alleingang zu erlegen. Er und Sonny hatten mit den beiden Amerikanern Mühe und Arbeit genug.
So konnte ich mir die Tage nach meinem Geschmack einrichten, konnte am Fluß angeln, Biber und Rotfüchse beobachten, den jungen Elchhirsch fotografieren, der jeden Vormittag den Fluß am Landeplatz durchrann, ohne sich durch Alaskas Gebell stören zu lassen. Oder ich konnte von morgens bis in die Nacht hinein durch die Hügel streifen, dem Goldadler und den Raben zusehen, das Elchtier mit dem Kalb bis auf wenige Meter angehen, Gänse und Säger am Fluß feststellen, im Uferschlamm die Spuren von Nerz und Otter ausmachen und die herrlich einsame Landschaft in all ihren wechselnden Stimmungen erleben. Dazu erlegte ich Waldhühner, die hervorragend schmeckten. Schließlich schaffte ich es auch, einen alten, starken Karibubullen auf die Decke zu legen, dessen linkes Geweihende an der Spitze sicher durch Brunftkämpfe abgebrochen war.
Oft und gerne betrachte ich meine Aufnahmen aus dieser Zeit und bereue, nicht noch mehr Bilder gemacht zu haben. Am meisten bedauere ich, daß ich es versäumte, ein einzigartiges Abschiedsfoto zu schießen, weil der Fotoapparat mal wieder in der Hütte lag.
An unserem letzten Morgen in der Wildnis saß ein auffallend heller Braunbär direkt neben unserer Super Cub am Ufer des Mulchatna. – Ich bilde mir ein, er wollte „Auf Wiedersehen“ sagen.